識破經濟陰謀論

DEBUNKING ECONOMIC CONSPIRACY THEORIES

曾國平 著

獻給MW和WT：

A boy's will is the wind's will,
And the thoughts of youth are long, long thoughts.

目錄

第三部：簡單理論，識破經濟陰謀論

推薦序一

收到曾國平兄傳來他的新作《識破經濟陰謀論》的檔案，其娓娓道來的論述如磁石般吸引，不知不覺便一口氣把百多頁的文本讀完。大眾化的經濟書本中，難得有這樣深入淺出的好文章。

隨着資訊科技興起，社媒的使用呈現爆炸式增長，使用者不自覺墮入回音壁的陷阱，五花八門的陰謀論也幾何級數地上升；社會分化從而加劇，理性的討論如鳳毛麟角，民主社會的運作也舉步維艱。

無論是政治、社會、經濟領域，陰謀論早已泛濫成災。曾國平兄的大作，從經濟學的供求規律，分析陰謀論這種「產品」的特徵如何滿足社會大眾對陰謀論的需求。有求便有供，充滿不確定性的現代經濟時常出現預期之外的變化，引起大眾的焦慮及惶惑，而複雜多變的現代經濟並不容易理解；大眾容易走捷徑，訴諸簡單、直接及情緒化的故事或者「解釋」，經濟陰謀論便應運而生。

曾兄從遠古人類的心理演化，談到今天的社媒生態；從歐美現時流行的陰謀論，談到香港本土，特別是2019年社會嚴重分化後出現的陰謀論；從歐洲歷史上早於百年前便出現的「猶太人操控一切」的經濟陰謀論，到今天香港流行的「聯繫滙率即將崩潰」、「香港儲備被掏空」等等驚嚇人的陰謀論，對中外古今的經濟陰謀論，有比較全面、概括、落地的分析。

曾兄在香港土生土長，雖然早已遠赴他方留學及任教，然而仍然背負本土情懷。從他的筆觸可以看到，他對香港近年社會撕裂及陰謀論肆虐感觸甚深；相信這也是他撰寫本書的重要動力。

曾兄明白經濟陰謀論的產生有深厚的社會基礎，他預期縱使自己竭盡心力剖析經濟陰謀論的種種謬誤，恐怕大部分人對形形色色的陰謀論仍會深信不疑。於此，筆者不期然想起南朝劉宋文人劉義慶有關「鸚鵡滅火」的寓言：

有鸚鵡飛集他山，山中禽獸輒相愛。鸚鵡自念雖樂，此山雖樂，然非吾久居之地，遂去，禽獸依依不捨後數月，山中大火。鸚鵡遙見，心急如焚，遂入水沾羽，飛而灑之。

天神言：「汝雖有好意，然何足道也？」對曰：「雖知區區水滴不能救，然吾嘗僑居是山，禽獸善待，皆為兄弟，吾不忍見其毀於火也！」

筆者並不預期寓言中「天神嘉其義，即為之滅火」的美好結局會發生，然而正如曾兄所言，如果本書能夠「讓半睡的人更清醒」,「為紛亂嘈吵的社會帶來一點安定」，已經是功德無量！

宋恩榮
中文大學經濟學系客座教授

推薦序二

「香港銀行總結餘暴跌九成」、「銀行乾塘資金緊張」、「聯滙制度即將崩潰」、「總結餘勢將清零」、「香港經濟必遭夾爆」等似曾相識的傳媒標題，是個現象。

欄友曾國平又再出書！替欄友新書寫序本來就是朋友之義，在陰謀論當道的年代更是義不容辭。後真相（post-truth），被《牛津英語詞典》選為2016年的年度詞彙，並定義為「訴諸情感及個人信念，較陳述客觀事實更能影響輿論的情況。」（circumstances in which objective facts are less influential in shaping public opinion than appeals to emotion and personal belief）近月也埋首寫新書的我，先誠意推薦曾國平的《識破經濟陰謀論》，再公開跟大家開心分享一個有趣的健康經濟陰謀論。

美麗香港有走資陰謀論，醜陋美帝則有「走脂」陰謀論。心血管疾病、癌病、神經退化疾病，乃現代社會的致命三害。代謝綜合症（metabolic syndrome）本身的致命率不高，它卻大大提高三害以及糖尿病（Type 2 Diabetes）、脂肪肝（Non-Alcoholic Fatty Liver Disease, NAFLD）等其他慢性疾病的風險，而代謝綜合症又與肥胖（obesity）關係密切。困擾着美國人半個世紀的肥胖問題，在陰謀論當道的後真相年代也有其幕後黑手嗎？

由美國調查記者泰柯茲（Nina Teicholz）所著的*The Big Fat Surprise: Why Butter, Meat and Cheese Belong in a Healthy Diet*（中譯本書名為《令人大感意外的脂肪：為什麼奶油、肉類、乳酪應該是健康飲食》），於2014年出版後成為美國暢銷書之一。且看書籍簡介：In The Big Fat Surprise, investigative journalist Nina Teicholz reveals the unthinkable: that everything we thought we knew about dietary fat is wrong. She documents how the low-fat nutrition advice of the past sixty years has amounted to a vast uncontrolled experiment on the entire population, with disastrous consequences for our health.

肥胖，在泰柯茲眼中是糖商有份背後策劃一場謀財害命的陰謀，當中包括哈佛學者收取糖商給予的利益，把心血管疾病的矛頭指向脂肪，企圖淡化多糖對健康的影響。So far so good，今天我們都同意多糖影響健康。問題是，這個健康經濟的陰謀論不止於此，書籍簡介又說：What if the very foods we've been denying ourselves-the creamy cheeses, the sizzling steaks-are themselves the key to reversing the epidemics of obesity, diabetes, and heart disease?

因為反糖有理，所以走脂有罪？泰柯茲支持高脂低碳飲食，因此亦獲得生酮飲食的支持者所擁戴。這陰謀論最大的問題，是完全扭曲了半個世紀的科學，並把著名生理學家基斯（Ancel Keys）的研究和人格批評得體無完膚。想當年，基於他團隊的研究結果（包括著名的*Seven Countries Study*），基斯向美國人解釋飲食中的飽和脂肪乃他們頭號殺手心血管疾病的元兇。自此，美國官方的膳食指南亦建議為健康要少吃飽和脂肪。另一方面，基斯的暢銷書*Eat Well and Stay Well*，更大力推薦多菜有魚及少飽和脂肪的地中海飲食。但來到今天，地中海飲食卻又被支持高脂低碳飲食的人質疑。

後真相時代的經濟陰謀論，其實不限於入場門檻低的網上傳媒。行外人有所不知，起源自芝加哥學派的監管經濟學（Regulatory Economics），有時亦會淪為政治經濟陰謀論。由芝大師公史德拉（George Stigler）開創的監管經濟學，始於一個電力行業的實證研究。大半個世紀前，史德拉發現美國不同電力市場，管的與不管的電力價格竟然分別不大。監管經濟學理論，始於公共政策最終向有能力游說政府的生產商傾斜。公共政策的發展卻走在監管經濟學理論之前，自七十年代起不同保護消費者利益的公共政策興起，理論於是發展成公共政策是多方政治角力的後果，政策有時向個別生產商傾斜，有時向大眾消費者傾斜。理論的解釋能力大減，因為我們事前不容易知道政治角力的優勢究竟在哪一方？當年糖商成功爭取，為什麼代表脂肪的肉商又坐以待斃？今天糖商又為什麼反擊失敗？

從供求角度分析經濟陰謀論，讀過曾國平的《識破經濟陰謀論》，走資還是走脂？你會更識揀。

徐家健
Orientis首席經濟師

推薦序三

早前讀了一本名為*Calling Bullshit: The Art of Skepticism in a Data-Driven World*的好書。書中兩位作者除了說明什麼是謬論以及如何駁斥這些謬論之外，亦解釋為何公開地駁斥謬論是十分重要：

駁斥謬論本身就是一種「操演敍說」(performative utterance)，這一觀察對於理解對某個說法稱呼為謬論的含義至關重要。當我公開地駁斥謬論時，我不僅僅是在報告我對你所說的某事表示懷疑。相反，我在明確地、通常也是公開地表達我的不信任。為什麼這很重要？操演敍說不是無聊的閒聊。它們是強而有力的行動，應謹慎使用。公開地駁斥謬論也是一樣。不要輕率地駁斥謬論，但如果必要，就應該在必要時公開地駁斥謬論。

公開地駁斥謬論一方面可以提升大眾對謬論的警惕，算是為社會帶來正面的界外效應，但另一方面這亦是一件吃力不討好的事。在互聯網時代，散播謬論的回報高成本低。回報也者，在網上散播謬論的傳播速度甚高，更甚者的是，愈出位、愈極端、愈陰謀論的言論在網上的回響就最大。成本呢？謬論被反駁或指正是甚為艱難。

我這番言論並不是謬論，而是有學術研究支持的。3名麻省理工學院的學者，4年前在著名學術期刊《科學》（*Science*）發表一篇文章，他們利用（當時還未有內容審核機制下）數以百萬計的推文分析超過一萬宗新聞的傳播速度、深度和廣度。又借助6間中立的傳媒判定一宗新聞是真還是假（或是半真半假，例如2014年俄羅斯入侵烏克蘭克里米亞時的新聞），然後分析這些新聞在推特上的傳播速度、有多少人分享和爆紅（go viral）的機會率，結果發現無論是從速度、深度和廣度看，假新聞的傳播能力都要比真新聞更高。

再舉個例，2024年初某前新聞主播自殺身亡有人謠傳是政治迫害，有人懷疑是生意財困，當中最引人談論的，是這位主播生前一位朋友，在社交媒體上指控主播女友「長時間對他精神造成沉重打擊……終於無法簡單脫困，軟弱得像被催眠操弄般難以自拔……壓垮了他精神最後一根蘆葦。」聲稱「給予」這位主播女友「最後機會」，要她「一天之內，自行承認錯誤」。

以上種種都在網上廣傳及發酵。的確，當時有人曾嘗試指出這些都是沒有證據支持的「謠言」和「猜測」。然而，要在網上世界「撥亂反正」並不容易，你要證明前主播沒有被政治迫害嗎？

你要指出政府沒有這個誘因，而警察或國安亦沒有相關行動；你要反駁他不是財困輕生嗎？你可能要翻查他的財務記錄或與其他人的生意往來；你要為主播女友「申冤」嗎？你怎樣證明主播在生前不是「軟弱得像被催眠操弄般難以自拔」，其女友不是「壓垮了他精神最後一根蘆葦」？

曾國平和我（以及徐家健）一起寫專欄已經超過十年。套用娛樂圈的術語，我們都只能算是半紅不黑吧。小弟不才，專欄沒有人看不難理解，但認識曾國平的都會認同他是有料之人，有朋友對他半紅不黑甚為不解，但有朋友就直言這是因為他（和我）都太喜歡駁斥他人的謬論。

曾國平這本《識破經濟陰謀論》算是他駁斥網上眾多謬論的另一次public utterance（公開發聲）。是否吃力不討好只有他知道，我希望的是這本書可以再提升大眾對謬論（包括曾國平提出的「經濟陰謀論」）的警惕，為社會帶來正面的界外效應之餘，同時不會為他帶來太多「不討好」的個人成本吧。

梁天卓
維克森林大學經濟系副教授
2024年2月

引言

提出「經濟陰謀論」，識別資訊謬誤

2008年金融危機爆發後不久，馬多夫（Bernie Madoff）就因策劃龐氏騙局被判入獄150年。由於馬多夫是猶太裔，符合貪婪的種族定型，於是有兩個政治學者進行一個小型調查，直接問被訪者：「猶太人需要為金融危機負上多大責任？」可選答案為沒有、小部分、中等程度、大部分、絕大部分。調查發現，在非猶太裔的受訪者中，有四分一認為責任是中等程度或以上。更有趣的，是經常提倡包容的民主黨，其支持者歸咎猶太人的比例比共和黨支持者明顯地高[1]。

2020年疫情初期，美國減息兼重啟量化寬鬆，香港的銀行總結餘一度在2021年升上4000多億的歷史高位。直到2022年美國大幅加息，銀行體系總結餘隨之影響下降，跌至400多億。十倍之比，在傳媒的渲染下變成「香港銀行總結餘暴跌九成」、「銀行乾塘資金緊張」等標題，再經過網上輿論的推波助瀾，就演變成「聯滙制度即將崩潰」、「總結餘勢將清零」、「香港經濟必遭夾爆」等結論。

2023年5月美國的勞動市場數據，出現了看似矛盾的現象。根據機構調查（establishment survey），非農職位增長為33.9萬個，另一個家庭調查（household survey），則顯示就業人數下跌31萬，失業人數更上升了44萬。一升一跌，好幾位在創新科技界大名鼎鼎的創業家、投資者，紛紛暗示政府有捏造數據的嫌疑，各種陰謀論應運而生，拜登政府故意唱好就業市場的說法不脛而走。

以上3件事，都是「經濟陰謀論」（economic conspiracy theories）的例子。

經濟陰謀論是我提出的名稱，並非專有名詞，以我所知沒有人公開使用過。先弄清楚「陰謀論」的定義：陰謀論認為現象背後，必有一小撮人或組織在策劃，可以是為了私利，也可以是為了更大的目標。

習慣以簡單方法解釋世界

有關陰謀論的作品，無論是宣揚陰謀論的，還是反駁陰謀論的，數量之多難以估計，相信有一間小型圖書館的規模。自創「經濟陰謀論」這新字，皆因有關陰謀論這類作品中，以政治居多（例如美國前總統甘迺迪遇刺背後的解釋），科學次之（例如各種疫苗好壞的爭論），以金融經濟為主題的相對較少，也未見有人指出其特徵，也未有人系統分析其供應需求與辨識方法。

經濟陰謀論跟其他陰謀論（例如政治、科學的陰謀論），固然有不少共通點，但亦有其特別之處，例如市場現象和人為現象之別，又例如經濟政策金融工具複雜難明的特質，都是其他陰謀論沒有的元素。因此這本書跟坊間其他陰謀論著作不盡相同，不只是把政治、科學例子換成金融經濟例子而已。此外，我也認為陰謀論本身，用經濟學的架構去理解最為清楚，因此我會先從對經濟陰謀論的需求說起，再談經濟陰謀論的特徵如何能滿足這些需求。

這就是此書《識破經濟陰謀論》的寫作源起。

從以上3個例子中，我們已能歸納出一些共通點。2008年的金融危機，涉及按揭證券與衍生工具，亦涉及銀行之間複雜的借貸關係，隨便一講，就要動用大量術語，非三言兩語可以解釋清楚；美國政府統計部門的勞工數據之所以有兩種，不容易簡單交代，要理解兩組數據的差異，亦要有統計學的基礎；至於香港銀行體系與聯滙制度的關係，更是技術性得很，銀行如何以票據借錢，金管局作了多年的大眾教育，也無甚效果。

當我們面對難解的經濟金融世界，當紛亂現象令我們眼花繚亂，當不安、困惑、憤怒無處宣洩，我們自然就想走捷徑，用最簡單、直接、有滿足感的方法去消化一切。金融危機令你損失慘重？只怪貪婪的猶太人再一次連累全世界；政府數據走勢跟你的觀點和印象有衝突？當然是深層政府指使公務員做手腳；香港銀行收緊貸款加息？肯定是金管局為了掩蓋聯滙弱點的掩眼法……無論是什麼現象，都可以背後神秘的力量去解釋。永遠不會錯，永遠都可以自圓其說，在不確定的世界裏給予確定的慰藉。這就是經濟陰謀論的吸引力所在了。

先談經濟陰謀論魅力再拆解

經濟陰謀論，可從經濟學角度分析。經濟學分析的根本，就是供求關係。這本書就先從需求講起，先解釋陰謀論的吸引力之源，繼而歸納出經濟陰謀論的4個重要特徵。最後要談的是應對拆解方法。

第一部「陰謀論，人類求存的本能」，從3個角度指出經濟陰謀論的魅力所在。人類的原始社會，部落之間的殺戮頻繁，經常對陰謀保持警惕，是自保行為。現代社會雖然殘酷不再，但全球化加上經濟關係日益複雜，我們面對來自四方八面的風險，財產隨時因十萬八千里外的事少了一截，亦難免疑心四起（第一章）。科技進步，除了令經濟陰謀論散播更易，也增加了我們面對的群眾壓力。當身邊人都傾向相信某一套陰謀論，為了自我形象，又或對自己的判斷信心不夠，我們很容易就跟隨別人的看法，形成骨牌效應（第二章）。當世事太複雜，如金融市場產品變化萬千，如貨幣新舊政策難以理解，我們根本沒有時間精神去尋根究柢。面對不明白的現象，尤其當現象事關自己利益，總不能置之不理。經濟陰謀論可以簡單易明地解釋一切，自然就有吸引力了（第三章）。在第一部，我也會解釋陰謀論何以不只是「聽故仔」，而是有其代價，跟投資失利和金錢損失有密切關係。

當我們知道經濟陰謀論為何有難以抵擋的吸引力，第二部「事實加想像，引人入勝的情節」，就從陰謀論本身這個「產品」出發，歸納出識別經濟陰謀論的4個特徵。經濟陰謀論，都是建基於一些客觀事實。事實可信，跳躍出來的結論吸引，陰謀論的威力是事實加上想像。完全虛構的故事，難以成為陰謀論。天馬行空的神話傳說之所以引人入勝，必不可少的是一些已知事實（例如天文現象、地理環境），以及在滿天神佛中加入真實人物（第四章）。經濟陰謀論充滿神秘元素、有神秘角色、有神秘協議、又有神秘行動，既然事事神秘，無論事實為何都可以說得通。陰謀論認為某政府財金部門在作一些不可告人的事，部門沒有為此作澄清的話，就是「有口難言」，有刻意澄清的話，就是「此地無銀」，無論事實為何，都可以與陰謀論吻合（第五章）。一如受大眾歡迎的電視劇，經濟陰謀論中有忠有奸，建基於我們對某些人的不信任和憎恨。有關香港聯滙制度的經濟陰謀論，基本上都是以內地以及香港一些「裏應外合」的官員為奸角，無辜受害的則是辛苦儲蓄多年的香港市民。更著名的，是猶太人操控一切的經濟陰謀論，流行了至少一百年，影響延續至今天（第六章）。當市場供求變動，造成價格急升，沒有一個人需要負責，亦即沒有一個人可以譴責。實情如此，人性卻有憤怒怨恨無處宣洩，正義未能伸張。把經濟數據當成政治宣傳的工具，把供應商或其他人物組織當成「幕後黑手」，視之為一切不幸的源頭，宣洩就有對象，可以群起攻之了（第七章）。

當我們懂得辨別經濟陰謀論，我們就要說服自己或別人，如何根本地拆解其中的謬誤。第三部「簡單理論，識破經濟陰謀論」，利用經濟學的一些核心概念，提出3個應對經濟陰謀論的思考角度。經濟陰謀論跟科學理論有很多共通點。兩者都是建基於事實和觀察，對人的行為都有若干假設，亦會將理論一般化應用到其他現象之上。兩者分別，在於科學理論可以跟事實有衝突。陰謀論的另一特徵，是「唯心論」成份甚高，誰跟誰權鬥，誰跟誰合謀，誰又憎恨誰，陰謀論者好像掌握了大量內幕消息。問題是這些「人際關係」難以觀察，亦難以事實推翻，無論事情發展為何，都可以改變劇本去迎合事實（第八章）。電影中的陰謀組織，無所不能，再複雜的計劃都可以付諸實行。現實之中，出意外機會太高，經濟陰謀論才沒有那樣理所當然。博弈論亦告訴我們，成功協調行動所需的條件太多，互相出賣不易防止（第九章）。亞當史密（Adam Smith）的「無形之手」（invisible hand），海耶克（Friedrich August von Hayek）等經濟學者提出的「預計之外的結果」(unintended consequence)和「自發秩序」(spontaneous order),講述為何社會現象大多不能按計劃安排出來的。由於人與人不斷互動,由於各人擁有的知識不同,任何行為的結果總有出乎意料的成份。將一切歸咎於陰謀,實為事後孔明,也是高估了人的能力(第十章)。

助疑惑的你睇清經濟陰謀論

這本書是寫給兩類人看的。

若果你有時被經濟陰謀論吸引,有時又覺得那些言論太離譜,遊走於信與不信之間,我希望這本書可以幫助你看清問題本質,從此對看到同類資訊時,會有多幾分質疑。

若果你本來就不相信經濟陰謀論,但不清楚理論錯在什麼地方,也不知道從何反駁,我希望這本書可以引導你了解更多,甚至根據書中引用的文獻,作進一步的探索研究。

若果你對各種經濟陰謀論深信不疑，認為世界無處不是陷阱，認為危機災難就在眼前，從早到晚神經兮兮杯弓蛇影，這本書對你相信效用不大，你也大概讀不下去，甚至懷疑我也是陰謀的一部分了。

最後講實際。讀過一本著名的經濟學教學書，書一開首就告訴讀者，懂得經濟學可以令你賺取更多的收入。初時讀到那一段，不太相信，但經過多年親身體驗和觀察，才覺得這說法頗有道理。經濟學不會令你發達(因為經濟學不會為你帶來運氣)，但經濟學可以助你識別陷阱，以及作出有效率的投資配置。不能趨吉，但能避凶，我也相信這本書會有一定的實際效果，提醒大家經濟陰謀論與你能否做出正確選擇的關係。

附註

1. State of the Nation: Anti-Semitism and the Economic Crisis by Yotam Margalit and Neil Malhotra, Boston Review, May 1 2009.

第一部

陰謀論，
人類求存的本能

事情複雜難明，

尤其是跟我們有關的，

我們就會因而不安，

怕蝕底，

怕被蒙在鼓裏，

希望可以找到一個容易明白的解釋，

讓本來令人不解的事情回復秩序。

一・原始的自保與全球化網絡

陰謀論，對我們有種莫名其妙的吸引力。再理性的人，有時也會以陰謀論思考。這種傾向，不分地域，不分年代，不分文化，可說是人性的一部分。為什麼？

演化的副產品？

面對一部經常出問題的電腦，我們難免會把電腦當成人，怪它偏偏要在工作繁忙之時失靈，怪它在關鍵時候才背叛你；養貓之人，也難免會「感情用事」，雖然貓只當你是個定時派發食物、清理廁所的生物，但你卻會想像貓擁有人類的各種特徵，既有愛心又有義氣，既有良知又有道德。這種擬人論(anthropomorphism)的傾向，可以視之為人類進化過程中的副產品。

人類要和平共處，互相合作，就先要搞清楚對方在想什麼，知道那些言行是有意，知道那些言行是無意，這樣才不會產生誤會，錯把盟友當作敵人，或錯把敵人當作盟友。比如說，當別人碰到你，你先會考慮對方是有意，然後才會作出反應。若果你一律視之為有意，你就經常會與別人衝突；若果你一律視之為無意，你又會成為被欺壓的目標。能動者偵測（agency detection），指的正是這種生存必備的能力。只是能力並非百發百中，剛才提及的擬人論，就是想得太多的結果了。

依此思路，陰謀論也是副產品。見到不明白的現象，我們就會想到現象背後有人小心策劃，若果現象對自己不利，又會認為策劃者立心不良。與此同時，我們又會忽略意外、錯誤、運氣的重要性，把策劃者想像成無所不能、一切在掌握之中的惡勢力。

除了能動者偵測，人類進化過程中亦有其他副作用。例如我們把資訊組織、歸納，看出規律和因果關係（pattern recognition）的能力，既可以幫助我們理解世界，繼而改造世界，但我們也會無中生有，在沒有規律的地方想像出玄機（這一點會在稍後再談）。

一項頗有影響力的研究，認為副作用之說不足以解釋人類鍾情陰謀論的傾向[1]。最大的漏洞，是「陰謀」在歷史上的確存在，無論是政府還是企業，都曾被揭發秘密地策劃一些行動。以「陰謀論」思考，因此不是無的放矢，也不是無中生有，而是有一定的實際作用。

研究認為更有說服力的，是演化心理學的適應假說（Adaptive-Conspiracism Hypothesis）。話說在遠古時代，人類祖先過着血淋淋的生活，為了爭奪資源，為了報仇雪恨，不同族群經常互相殺戮。研究引用人類學研究，指美洲原始部落死亡人數中的好幾成，都是源自不同「結盟」之間的鬥爭。

身處如此殘酷環境，為了自保，祖先們對外界自然充滿戒心，就算是微不足道的小事，也要從最壞處想出一套陰謀論，以防被別人聯群結隊暗算，以防盟友反過來陷害自己。這樣疑神疑鬼，錯的代價僅是白費心機，成為遠古陰謀論大師，但估中的話卻足以避過一劫逃出生天。若果在那個時代選擇「理性中立」，不去想什麼陰謀論的話，做對了只證明了「眾人皆醉我獨醒」，但錯了的話就會遭殃被淘汰了。從成本效益角度看，在如此充滿殺機的時代，沉迷陰謀論明顯地划算得多，好此道者也較容易生存下來。

複雜經濟下的杯弓蛇影

到今天，我們身處的已不是原始社會，部落之間的殺戮也不再是我們的日常生活，照理這種為求自保的陰謀論傾向應該逐漸消退才對。為什麼陰謀論還是無處不在？研究沒有提供答案。我想提出的解釋，是現代的生活雖然血腥不再，但世界比原始時代要複雜得多，就如經濟活動，世上任何地方發生了大事，某大央行決定加息減息，遙遠的地區爆發戰爭，透過貿易、金融、供應鏈的千絲萬縷關係，我們的財產和生計都會受到影響。雖然不再是人命關天，但威脅卻是來自四方八面，傾向陰謀論的人性因此仍然存在。

「每當有國喪，黑布存貨往往不足，以致市價高昂，持有存貨的商人因而賺得更多利潤。事件對織布工的薪金沒有影響，因為市場欠缺的是貨物，不是勞工，是已完成的工作，不是未完成的工作。事件會增加裁縫的薪金，因為這個市場勞工不足，對於未完成的工作求過於供。事件會降低七彩絲綢和布匹的價格，持有存貨的商人利潤因而減少。事件也會降低製造這些產品的勞工的工資，因為需求會停頓半年或一年。這個市場是貨品和勞工皆過剩了。」

以上一段，來自亞當史密的《國富論》（*The Wealth of Nations*）第一卷第七章，分析的是國喪如何衝擊市場。在十八世紀的英國，每有重要皇室成員去世，全國都要哀悼，悼念的形式有明文規定，其中包括穿上黑衣，視乎死者地位，維持半年至一年不等。國喪不是經常發生，也不是容易預測的事，因此市場上不會有太多黑布存貨，碰巧有存貨在手的商人就發財了。市場需要的是黑布，不是任何一種布，因此織布工不會受惠。把黑布製成衣服的裁縫，反而炙手可熱。色彩鮮豔的布料市場，則會受到沉重打擊，久久沒有生意可做。

亞當史密的年代比今天簡單得多。一件用來哀悼的黑衣，從布料到染色到裁出一件衣服，材料有限，技術有限，可以是方圓幾公里內就可以完成的生產過程。今天一件黑衣，當然要比十八世紀的要複雜，而且要「全球化」得多：拉鏈來自國家W，鈕扣來自國家X，製衣地點在國家Y，而服裝牌子是國家Z，幾乎走遍世界。若果某些原因令黑衣需求忽然增加（今天不會是因為國喪了），其造成的連鎖效應範圍就要大得多，涉及來自五湖四海的批發商和零售商，不只是一國甚至一條村裏的小風波。

從古到今，只要有分工，經濟就會環環相扣，可以是下游影響上游（黑布需求增加，影響原料供應商和勞工），也可以是上游影響下游（布匹生產技術有革命性創新，令消費者受惠）。這是我們每日都觀察到的經濟現象。不容易觀察的，是這種稱為生產網絡（production networks）的錯綜關係，能否小事化大，令一個行業裏的波動增強成影響宏觀經濟的震盪。

2011年3月的日本大地震，死亡數字上萬，福島核電站更受海嘯侵襲，造成嚴重核洩漏事故，影響延續至今。當時直接受影響的，是日本的4個縣（青森、福島、岩手、宮城），其2011財政年度的實質經濟增長，比2010年同期明顯下跌了超過2%。這次地震雖然嚴重，但純以比例計算，受波及的只有東日本沿岸地區，而4個縣加起來的生產總值，佔全日本不夠5%。要估算地震對日本整體經濟的破壞，理所當然的做法，是將2%和5%兩個數字相乘，亦即約0.1%。日本經濟當年的跌幅，大約是這個數字的4倍。

另邊廂，地震發生後不久，就有一項研究從生產網絡的角度，利用「投入產出表」（input-output table，形容的是行業之間的關係）和企業數據，分析日本震區內外災後的生產活動[2]。企業愈接近災區，受害當然愈大，但其供應商（或供應商的供應商）以及顧客（或顧客的顧客），就算地理上遠離災區，也會因生產關係而受波及。例如你的供應商因在災區而停產，你不能立即找到一模一樣的替代品，生產成本因而上升，你的顧客就會跟你少買一點。又例如你是供應商，在災區的顧客生意大減，自然又會減少跟你訂貨。這種供應鏈由上而下和由下而上的影響，不限於兩間直接有聯繫的企業。就算你不在災區，你的供應商也不在災區，但供應商的供應商在災區的話，你也會感受到經濟上的震盪。

研究發現災區的經濟活動受阻，透過企業互相牽連，可為整體經濟帶來以倍計的影響。其中關鍵，是企業之間的網絡並不平均，一些規模龐大、有數以千計員工的企業，往往在供應鏈中佔據着重要位置，除了跟大量企業有業務來往，其供應商和顧客也多是聯繫甚多的企業。就如形容像一個人的人際網絡，不能只計這個人有幾多朋友，還要知道其朋友有幾多朋友，才能量度其「識人好過識字」的效果。理論上，規模和聯繫的分布愈不平均，網絡小事化大的威力愈大。

除了自然災害，疫情期間的供應鏈大混亂，也可以用生產網絡作分析[3]。新冠疫症於2020年初在內地湖北省開始爆發之時，我就和同事利用這套理論去估算封城的經濟損失。湖北的特別之處，是工人大多不在本省工作，而是遍布全國。工人因封城而被困在家鄉，全國生產因而受阻。我們利用「百度全國遷徙地圖」的數據，推斷在各省湖北工人的數量，繼而根據「投入產出表」，視乎各省不同行業的比重，推算出勞力減少加上國內供應鏈帶來的破壞力。根據我們的保守估計，湖北封城本身減少國內總生產約4%。我們也利用全球出入口數據，推算這收入下跌如何透過貿易網絡傳到世界各地，結果是全球總生產會下跌最少1%，尤以亞洲區打擊最大。

宏觀經濟學一個特色（或缺點），是無論理論如何高深，一些重要概念是不能觀察的。例如提到生產力，我們會想起科技進步，我們會想起研發創新，但實際上的量度方法，是在生產總值中扣除勞力和資本後，剩下解釋不了的就當成是生產力。生產力可以是真有其事，也可以是理論錯誤造成的偏差。除了生產力，「喜好」是另一個見不到的常用概念，消費者忽然有耐性，忽然又急不可耐；忽然喜歡消費，忽然又享受空閒。不少宏觀經濟學模型，就是靠這些概念去解釋數據，頗有空洞無物的嫌疑。以生產網絡解釋宏觀現象的優點，在於可以微觀地分析不同行業以至企業的生產過程，大多可以觀察，亦有數據可依，實證上的基礎要穩固得多。

生產網絡這個研究方向，十幾年前才開始興起，動力之一是來自網絡理論的數學技術發展，一是數據夠多和電腦夠快，可以分析複雜無比的關係。例如剛才的「投入產出表」，就牽涉成本極高的統計資料搜集，以往難得會有國家編制，今天則相當普及，而且行業的定義更為細緻[4]。

更重要的推動力，是現今經濟的確複雜。原始人只需要擔心鄰近部落的一舉一動，現代人的生活卻是無時無刻受全球大事牽連，一個地震、一場戰爭、一次選舉，影響力都會傳遍四方。當世界複雜得不能理解，難免會有草木皆兵的恐懼，鍾情於經濟陰謀論是正常不過的反應。

錯誤判斷陰謀論易招損失

就如在序文中提到，照單全收經濟陰謀論，是要付出一定代價的。實證研究多次顯示，思想愈有陰謀論傾向，亦即愈缺乏信任、愈懷疑世事都有奸人在背後策劃的，投資的參與度明顯較低。

有研究就分析荷蘭和意大利家庭的投資行為，利用世界價值觀調查（World Values Survey）（一項頗有認受性的跨國調查）中的一條問題量度其信任水平：「一般來說，你認為大多數人都可信任，還是你在與人交往時必須非常小心？」（Generally speaking, would you say that most people can be trusted or that you have to be very careful in dealing with people ？）信奉陰謀論的人提供的答案，相信跟其他人會明顯不同吧。研究發現，信任度愈高的家庭，明顯有較高機會購買股票和其他風險資產，把財富用作投資的比例也更高[5]。另一項研究分析更多的歐洲國家，同樣發現信任跟投資參與度有極大關係[6]。美國的投資者亦有類似的行為模式[7]。

愈信陰謀論的人投資愈少，可以避過股災，不是好事嗎？若果只論股災，當然是持有愈少股票愈好，問題是投資分析不能只聚焦一點，要看的是數十年的長期投資回報。以美國為例，扣除通脹後，美國由七十年代至今的半世紀，平均每年回報約6%，在這段期間，美國股市至少經歷了八七股災、千禧年科網股大跌、金融危機以及2020年爆發的世紀疫症，股市大跌過無數次，但長遠來說還是一直向上。以50年計算，每年6%的實質回報，就可以令投資增加17倍，遠勝投資國債。

這個股票溢價（equity premium），自有十九世紀有數據可參考以來就存在，無論期間遭遇到什麼風吹雨打，股票回報還是一枝獨秀。其他投資又如何呢？也許是其歷史悠久，也許是在戰亂或世界末日時特別有用，不少陰謀論者都視黃金為最可靠的資產。只是自七十年代黃金價格浮動以來，黃金長期跑輸股票約2%，差距甚大。

當然，將來會發生什麼事沒有人會知道，說不定黃金有朝一日真的會成為最珍貴的資產，說不定某天醒來股票全部變成廢紙。不過，事情有可能，不等如很有可能，我們總不能防範所有機會率零點零零零零一的災難，我們總要為「正常」的現實作打算。若果你的恐懼如此強烈，若果你真的認為災難出現的機會甚高，為了自保寧可放棄可觀的投資回報，這是自由選擇，沒有對錯可言。我只想指出，對大部分的人來說，若把經濟陰謀論照單全收，錯誤判斷某些事情的機會率，蝕底的終究還是自己。這本書的一個作用，就是希望透過拆解經濟陰謀論，讓恐懼回到一個較合理的水平，讓你不至於被各種鬼故傳說牽着走而已。

附註

1. Van Prooijen, Jan-Willem, and Mark Van Vugt. "Conspiracy theories: Evolved functions and psychological mechanisms." Perspectives on psychological science 13, no. 6 (2018): 770-788.

2. Carvalho, V. M., Nirei, M., Saito, Y. U., & Tahbaz-Salehi, A. (2021). Supply chain disruptions: Evidence from the great east japan earthquake. The Quarterly Journal of Economics, 136(2), 1255-132.

3. Luo, S., & Tsang, K. P. (2020). China and world output impact of the Hubei lockdown during the coronavirus outbreak. Contemporary economic policy, 38(4), 583-592.

4. 順帶一提：除了技術，政治氣候也會改變經濟學的發展。其實早在上世紀四十年代，後來獲得諾貝爾獎的美藉經濟學家李昂鐵夫（Wassily Leontief）就開始把「投入產出」的分析發揚光大，理論和實證兼備地分析美國經濟的結構。奈何政治形勢瞬息萬變，到了五十年代初，冷戰緊張局勢如箭在弦，由於蘇聯使用「投入產出表」作為經濟規劃的工具，這套分析忽然就沾上共產色彩（加上李昂鐵夫是來自蘇聯的移民），而受到激烈批評，美國政府於是在政治壓力下削減「投入產出表」的研究資金，到了1954年計劃更完全停止，要到十多年後才恢復運作。諷刺的是，當美國政客擔心共產主義滲入經濟統計的同時，中國內地則視「投入產出表」為西方資本主義的有毒工具，放棄使用多年。相反理由，同一結論，經濟學理論無論如何複雜，也遠不及政治這門學問高深莫測！

5. Guiso, L., Sapienza, P., & Zingales, L. (2008). Trusting the stock market. Journal of Finance, 63(6), 2557-2600.

6. Georgarakos, D., & Pasini, G. (2011). Trust, sociability, and stock market participation. Review of Finance, 15(4), 693-725.

7. Balloch, A., Nicolae, A., & Philip, D. (2015). Stock market literacy, trust, and participation. Review of Finance, 19(5), 1925-1963.

二・科技推波助瀾的骨牌效應

只有人性，不夠人數，陰謀論也難有規模。原始部落中的消息傳聞，威力不及現代社會流言擴散。

2023年10月颱風「小犬」襲港，在網上看到一萬多個旅客滯留機場的影像，又見到有遊客受訪投訴。隨之而來的，是輿論全力炮轟政府各部門處理不周，政客議員紛紛批評安排不理想，認為事件有損香港「好客之都」的形象。除了批評，亦有不少人建議機場應有限度提供公共交通服務，以防類似情況再發生。

這事件背後有一個重要概念。

本地人反對移民，想起的是一些移民犯下的重大罪行；我們對核電存有戒心，多是源於歷史上重大的核電事故。是的，我們對一些議題的看法，往往視乎一些顯眼、鮮明的事件。事件牢牢記在腦中，唾手可得(available)，只要談及有關議題，隨即因事件而有堅定立場。至於移民平均犯罪的機會比本地人有多大差別，核電廠發生事故的機會率又有多高，這些都成了次要問題，不一定會深究。

這種稱為「可得性偏差」(availability heuristic)的思考方式，其實甚為符合經濟效益。須知道人的時間有限，總不能事事都去追查客觀事實，靠印象靠例子去作判斷，只是節省時間之舉而已。就如機場事件，我們見到大量旅客被迫在機場睡覺，立刻會想到香港旅遊業被「倒米」，印象深刻，其他事實就懶得深究了(例如九號風球的機會率、颱風下公共交通的危險性等)。

假如政府部門「汲取教訓」，下次遇上類似情況時繼續讓機鐵如常行駛，期間不幸遇上大樹倒下，令車上旅客受驚，傳媒盡是列車上有棵大樹、旅客哭訴等景象。如此鮮明的事件，到時又會製造另一波憤怒輿論，政客議員們自然又要叫政府「正視」問題了。

人云亦云的羊群心理

只有事件，並不足夠造成群情洶湧式的輿論。我們還需要群眾壓力。

某日你跟上司和同事食飯，上司忽然大談國際政治形勢，本來有紋有路，誰知道愈說愈精采，什麼光明會羅富齊共濟會聖殿騎士團都出現了。你見上司態度認真，不知如何回應之際，同事A搶先表示贊同，同事B很快也跟隨附和。你本來就不太相信這些陰謀論，但見兩位同事都站在上司一方，為了自己前途着想，也難免要暫時放下己見，跟大隊去講陰謀論了。這個聲譽骨牌效應（reputational cascades），也可應用到機場事件之上。你是立法會議員，本來想討論機鐵在颱風下行駛的風險，但見其他議員紛紛為香港國際形象大聲疾呼，力排眾議無疑是自找麻煩。在此情況下，你還是跟大隊比較划算。

某日你跟一班朋友食飯，有人提到《戰爭與和平》這部小說，說「這是德國作家以一次大戰為背景的作品」。你對文學沒興趣，認識不多，雖然印象中這部小說好像不是德國人寫的，但這位朋友似乎是讀書甚多的內行人，也就認同他了。在坐的另一朋友也記得小說的年代好像有點不對，但見在座的人都如此肯定，繼續大談一次大戰的歷史，也就放下心裏的一點懷疑，相信大家了。實情是，這是俄國大文豪托爾斯泰（Leo Tolstoy）的名作，以1812年拿破崙侵俄的戰爭為背景。這就是資訊骨牌效應（informational cascades）：你本來對機場事件沒有什麼立場，打開電視見到業界代表、學者專家批評政府部門的安排，心想他們對旅遊業的了解一定比自己多，批評應該有其道理，於是就照抄他們的講法，加入批評的行列了。

其中一種骨牌效應加上一看難忘的事件，就是唾手可得的骨牌效應（availability cascades）。這個由經濟學者庫蘭（Timur Kuran）和法律學者桑斯汀（Cass R. Sunstein）在1999年提出的概念，應用範圍甚廣，除了可以解釋個別事件如何受到「全城關注」，也可用來理解一些成本與效益不太相稱的立法和監管[1]。陰謀論的一觸即發，亦可從這骨牌效應的角度分析[2]。例如金融危機，又或聯儲局推行量化寬鬆，都是一些極有代表性、無人不知的事件，事件一發生，總可以天衣無縫地結合一些已存在的陰謀論（金融危機是策劃出來的藉口，好讓聯儲局可以透過推行非常政策，既令金融業受益，亦容許政府繼續花錢），加上社會壓力造成的兩種骨牌效應，經濟陰謀論就能在大事發生時大行其道了。

骨牌效應，單靠口耳相傳威力有限。社交網絡的演算法，才是把骨牌推得波瀾壯闊的催化劑：只要你對陰謀論稍有興趣，推薦影片和搜尋結果自會投你所好，不斷鼓勵你往那個方向走。互聯網也可以將世界不同地方的人聚在一起，就算你身邊沒有人相信你那一套陰謀論，你也可以輕易在網上找到志同道合的朋友，圍爐取暖大談陰謀論詭計。

是的，社交網絡的主要目標，就是維持最大的流量，吸引最多的人。理性分析事實，持平衡量說理，如此的社交網絡，相信早就被置若罔聞了。

自然利率的無風起浪

且以社交平台X（前身為Twitter）上的一篇推文為例。2022年5月19日，智庫Institute of International Finance的首席經濟學者布魯克斯（Robin Brooks）發布一幅顯示美國自然利率（natural rate of interest，亦稱r-star）由八十年代開始走勢的圖表，顯示自然利率由八十年代開始下跌，到2019年疫情前跌至接近零，然後急劇上升至到2022年升至超過3厘。推文看似有圖有真相，畫面非常震撼，推文內容不遑多讓，指數據顯示支持政府大手花費的「現代貨幣理論」大錯特錯，大幅加稅和削減開支為時不遠矣。

自然利率，意思就是不擴張、不收緊的「中立」實質利率水平。若果自然利率真的超過3厘，那聯儲局為了抑制通脹，就要令實質利率高於自然利率，所需加息幅度之大難以相像。

這樣爆炸性的推文，在X嘩眾取寵兩極對立的世界當然頗受注意，一方面有反對拜登者表示贊同，慨嘆美國的財政紀律給現屆政府徹底破壞，一方面又有偏左的網民反駁，拋出一大堆經濟術語辯解。經過一輪轉貼分享，吵了足足一日，這個網上學術「討論」就逐漸告一段落了。

推文作者有點來歷，曾是投資銀行研究員，現在是某智庫的首席經濟學家。他的語出驚人，到底有什麼根據？幸好在研究院年代，曾經花了不少時間了解自然利率的估算方法，很快就知道推文中數字從何而來。簡單來說，就是當時通脹甚高、增長不俗，同時政策利率仍然偏低，代表貨幣政策太過寬鬆，自然利率因此偏高。

這個推文的內容非常粗疏，跟嚴肅的學術研究固然有大段距離，放進投行或智庫的政策分析亦未必及格，極其量只是一個僅供參考的初步推測而已。其實自然利率是個長期的概念，難以這樣「貼市」地估算，往往要等好幾季才能比較可靠地利用計量模型。根據里奇蒙（Richmond）聯邦儲備銀行2021年第四季的最新估算，自然利率仍然接近零，未有上升跡象。

這位首席經濟學家手上只有一分證據，何以會在推文中說出自信滿滿的十分話？這就是X的奇趣生態了。推文要得到注意，甚至受到演算法的垂青，觀點自然要夠激，尤其要加插「現代貨幣理論」這類敏感字眼，但求觸到各個意識形態陣營，那就保證可以增加名氣和追隨者，在X世界的建立公共「知識」分子的形象。

同樣道理，社交網絡上的吵鬧，也促進了經濟陰謀論的傳播。極具爆炸性的觀點，加上網民們的煽風點火，自然會在當眼位置出現。

真假用戶的煽風點火

談及社交網絡，忽然想起*The Undeclared War*這套英國電視劇。劇中一幕描述俄國網軍的工作情況：這個僱員控制一堆戶口，扮演的是愛國者，歇斯底里地發報推文和留言歌頌英國的偉大；鄰坐的僱員控制另一堆戶口，負責質疑英國的一切。兩個僱員的工作，就是這樣罵來罵去，在X上製造「政治兩極化」的效果，吸引另一堆有真有假的用戶參與罵戰，推動出一場又一場的網上爭議。

不知道電視劇距離現實有多遠，只知道X戶口有幾多是垃圾廣告製造者或由程式控制的機器人（bot），正是Tesla創辦人馬斯克幾乎放棄收購X那場官司的焦點。X的官方立場，是在所有「有利可圖的每日用戶」（monetizable daily active users，亦即每日登入會看到廣告的用戶）中，只有最多半成是假戶口。馬斯克則認為實際情況嚴重得多，約有兩成的X戶口都不是真的，直指X一直以統計數字誤導投資者。這個爭議，相信不會找到真正答案，因為何謂假戶口，是一個言人人殊的「實證問題」。一般做法，是透過「學習」大量已知的假戶口，了解其用字、活動時間、網絡等特徵，從而推斷其他戶口那些是假。答案是否正確難以印證，是以爭議不會完結。

不過，就算只有半成戶口是假，其實已是相當可觀的數字。須知道普通人的閒話家常，又或人畜無害的消閒嗜好分享，都不會是假戶口有動機參與的題材。最有成本效益的討論，當然是政治經濟等可以吵個天昏地暗的惹火題材，以及有賭盤有賠率的體育活動，無論是人還是程式，都可以在推文回應轉載間煽風點火，又或趁人多熱鬧賣廣告詐騙，甚至企圖利用群眾的熱情去影響現實世界。若然如此，這類題材中的假戶口比例就要比半成要高，用戶間的「互動」好一部分都是「虛擬」出來的。

幾年前就有一項研究發現，在2016年美國總統選舉和英國脫歐兩次事件中，每當有消息或傳聞出現，大約一兩小時就會完成傳播。傳播之所以如此快捷，除了是同聲同氣的人之間互相轉發分享（例如特朗普或希拉莉的負面新聞），還有由程式控制的假戶口從中推波助瀾，將或真或假的資訊送給「啱聽」的人，讓更多人更迅速地為最新的事情興奮或憤怒[3]。

無論是半成還是兩成，假戶口對X以及其他社交網絡的影響，就不是真假之間的黑白二分，而是假作真時真亦假的糾纏不清。

約翰連儂的社會主義烏托邦名曲*Imagine*有兩句歌詞，叫我們幻想世人和平共處，但若果世界真的如此，X的市值就要消失大半了。多少有血有肉的網民，每日登入X成為「有利可圖的每日用戶」，就是為了尋找各類符合口味的意見，一方面吸收友好一方的利好消息，一方面接觸敵對一方的負面新聞，為這件事憤怒留言十次，再為那件事激動轉發十條推文。歸根究柢，各類人性陰暗面劣根性，才是推動社交網絡流量的最大動力（貓照片也許是僅有的例外！），而陣容鼎盛的假戶口，對刺激真戶口積極參與發聲起了莫大作用，有其「乘數效應」的貢獻。

馬斯克收購X，由「唔嫁又嫁」到終於落實收購，始終未能解決假戶口的問題。不過，若果X和其他社交網絡真的可以排除萬難，積極掃垃圾刪除假戶口，侮辱刻薄的貼文、挑釁滋事的留言通通大減，留下的真戶口就未必能夠保持以往的激情，血壓上升地留下有幾個感嘆號的心聲了。水清則無魚，社交網絡長期有一定數量的假戶口橫行無忌，說不定是企業非不能也實不為也的最優政策。

樂觀地看，互聯網可以讓我們更容易找到準確資料，社交網絡亦能讓我們接觸到跟自己不同的觀點。悲觀地看，互聯網是一個陰謀論找之不盡的兔子洞（rabbit hole），社交網絡則是圍爐取暖互相認同的集中地。資訊和意見傳遞得更快，是否會令經濟陰謀論有更廣泛的影響？

傳媒報道的方向，多傾向悲觀。數之不盡的專題報道，都指網上世界散布謠言虛假資訊一發不可收拾，影響政治，影響社會，就只差在未有自封為正確資訊的唯一來源。根據實證研究，情況是兩者之間[4]。科技進步沒有令本來就不相信的人「皈依」，增加相信陰謀論的人口比例；科技的主要影響，是令佔人口小部分的陰謀論愛好者，可以花更多時間在網上找尋印證自己想法的「資訊」，跟更多同聲同氣的人對着回音壁說話，信念更堅定，情感更投入。

投入的，也許不只是情感，還有金錢。一項2023年的研究發現，陰謀論者YouTube頻道的盈利廣告，跟一般頻道的大有分別[5]。研究分析6000多個廣告商的18萬次的廣告，發現跟主流頻道相比，陰謀論的YouTube短片雖然也有來自知名品牌的廣告，但同時也有多11倍的懷疑詐騙性的廣告。以演算法推出的廣告一向準確，也許追捧陰謀論的觀眾，由於信念太堅定，真的比較容易受慫恿，購買一般人抱有懷疑眼光的另類產品。這就是矛盾之處了：相信陰謀論者一方面絕對懷疑某些東西（如政府、銀行），一方面亦較受騙徒歡迎。

附註

1. Kuran, Timur, and Cass R. Sunstein. "Availability Cascades and Risk Regulation." Stanford Law Review (1999): 683-768.

2. Sunstein, C. R., & Vermeule, A. (2009). Conspiracy theories: Causes and cures. Journal of political philosophy, 17(2), 202-227.

3. Gorodnichenko, Y., Pham, T., & Talavera, O. (2021). Social media, sentiment and public opinions: Evidence from# Brexit and# USElection. European Economic Review, 136, 103772.

4. Enders, A. M., Uscinski, J. E., Seelig, M. I., Klofstad, C. A., Wuchty, S., Funchion, J. R., ... & Stoler, J. (2021). The relationship between social media use and beliefs in conspiracy theories and misinformation. Political behavior, 1-24.

5. Ballard, C., Goldstein, I., Mehta, P., Smothers, G., Take, K., Zhong, V., ... & McCoy, D. (2022, April). Conspiracy brokers: understanding the monetization of YouTube conspiracy theories. In Proceedings of the ACM Web Conference 2022 (pp. 2707-2718).

三・複雜世界需要簡單解讀

十多年前在西雅圖讀研究院，選修過一位臨近退休、行內頗有名氣的教授的課。這位仁兄不太備課，太技術性的東西也略過不提，每堂課想到什麼就說什麼，旨在分享其積累多年的學術智慧。如今回想，只覺可惜，因為包括我在內在坐的一眾研究生，入世未深，腦中一片空白，能吸收的課堂內容相信一半也沒有。

到今天還記得的，是教授某日在投影機展示一張圖表，暫且就當是下面這一張吧。

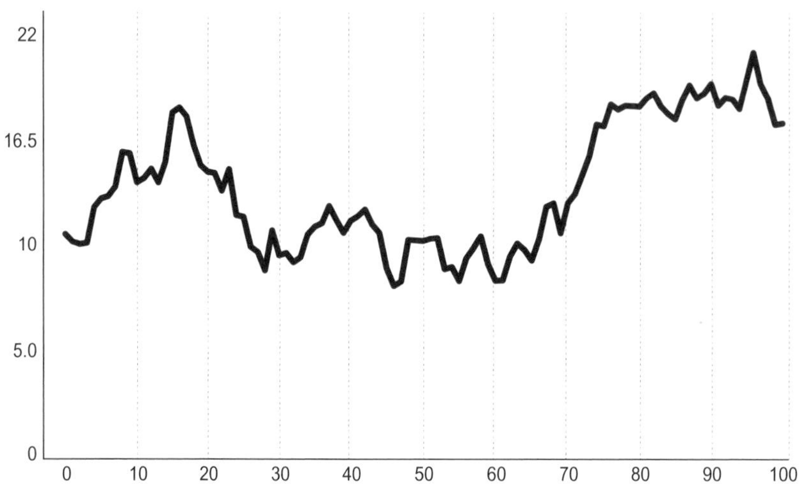

如果我告訴你這是某隻股票的每日價格走勢，你會如何解讀呢？「圖表派」的角度大致如下：經過頭十幾日，股票似乎陷入了低潮，好幾星期都在低位徘徊，直至第70日左右，股票重新找到動力，創下新高，穿了幾天幾天平均線，下一個升浪指日可待……

若果你有統計學的專門知識，更會試用什麼人工智能機器學習技術，建立模型預測第100日後的股票去向。

把這組數據交給十個專家學者，很可能會得出十個完全不同的答案。

「腦震盪」了好一會，教授就跟我們說：「其實數據是捏造的，是我用電腦模擬出來的隨機行走。」

隨機行走（random walk）是經濟學常用的統計概念。最淺白的理解，是把數據想像成一個飲醉酒的人，每一步可以向左或向右，機會都是一半一半，而且每踏出一步，跟下一步的方向都沒有關係，向左走後向右走，跟向左走後再向左走的機會一樣。也就是說，隨機行走是根本不能預測的數據：最可靠的「預測」，是明天的位置跟今天一樣，因為向左走向右走機會一樣，互相抵消了。

教授兜了一個大圈，想說的就是人皆是尋找規律(pattern-seeking)的動物，看見一堆數據，本能地就會從中看出蛛絲馬跡，繼而編造故事，藉此理解現實世界。這種本能，推進了科學探索，造就人類文明，但有時我們也會過分解讀，明明數據中沒有什麼玄機(如不能預測的隨機漫步)，也會像產生幻覺般看出端倪，自欺欺人。

是的，有時候事情就是沒有什麼玄機，就是隨機發生，但我們都抗拒這種看法。

經濟陰謀論的吸引力之一，正在於把複雜的事情，簡化成容易明白的故事。當世界變得愈複雜，我們就愈需要簡單的劇本，從中得到安全感。

奈何金融世界真的很複雜。

非一般人可以理解的聯儲局

在金融危機爆發後的2010年，當時的聯儲局主席貝南奇(Ben

Bernanke）曾在公開演說中提到大眾與貨幣政策的關係：「提高大眾對央行政策策略的理解可減少經濟和金融的不確定性，並幫助家庭和企業做出更明智的決策。此外，目標和策略清晰，將有助穩定大眾的長期通脹預期，從而增強央行對不利衝擊作出有力反應的能力。」

理論上，貨幣政策是眾人之事，一邊有專家審時度勢，一邊有市民做好準備，既沒有秘而不宣，亦沒有刻意誤導，是為「央民合作」的理想境界。央行宣布做一件事，大眾相信這件事，從而作出準備，後來央行履行承諾，大家相安無事。相反，央行宣布做一件事，大眾當耳邊風，不為所動，央行被迫改變計劃，印證了大眾的不信任。

實際上又是如何？

首先我們要問，大眾要理解聯儲局的決策，到底要知道什麼？

且從聯儲局一年8次的議息會議開始。會議完結後發表的聲明，以及之後開的記者會，字數不多，內容相近，皆不難理解，就算沒有閒情細看，亦有傳媒的準確轉述。

8次其中的4次會議，附有一份《經濟展望》（*Summary of Economic Projections*），由以往的幾頁增加至現在的十多頁，就是一份非大眾可以輕鬆消化的統計文件了。

「展望」這個概念，一直都被傳媒誤解，直接解讀成「預測」甚至「預告」，寫成「聯儲局明年加息3次」之類的標題。「展望」的意思，不是無條件地預測經濟往哪裏走，而是在貨幣政策方向合適的條件下，預測經濟的理想去向。比如有會議成員認為通脹壓力快將消失，2023年應放慢加息甚至倒頭減息，這位成員的「展望」就是在這個放寬政策的假設下作的預測，跟聯儲局的實際選擇可以是兩回事。

展望不是集體決定，而是每個成員各自提出的，是以從文件中可看出成員間的分歧，例如2022年12月公布的《經濟展望》，展望2023年核心通脹最低為3%，最高則為3.8%。一般報道為了容易理解，只提及中位數。

另一消失於傳媒中的重要內容，是展望的不確定性。須知道聯儲局成員沒有預知未來的超能力，作的預測可以跟現實相距甚遠，例如戰爭忽然形勢扭轉，又例如某國衰退程度超乎想像，這些千絲萬縷的本地和全球因素都可以令預測錯得離譜。是以《經濟展望》中會提及這些展望的可靠度，以反映各種的「不明朗因素」。

以2023年尾利率的中位數為例，一般都會被傳媒寫成「明年加息3次」之類的標題，但根據《經濟展望》中的「扇形圖」，當考慮到預測通脹、經濟增長等的難度，這個中位數的信賴區間（confidence interval）甚為廣闊。 過分簡化一點說，就是2023年尾的政策利率有很大機會落入這個區間。文件中表達巨大的不確定性，跟傳媒的斬釘截鐵可說是相映成趣。

傳媒機構不乏對聯儲局有深入認識、有宏觀經濟知識基礎的記者，《經濟展望》掛一漏萬式的報道，很可能是個無可奈何的選擇。畢竟篇幅有限，大眾的專注力更有限，總不能巨細無遺一一轉述。再者，文件內容不少頗為技術性，就如剛才提到的信賴區間，相信已有九成讀者有如墮五里霧中。

回到貝南奇的那段話。到底《經濟展望》是不是大眾需要理解的東西？

根據不少聯儲局官員和學者的詮釋，《經濟展望》不是純粹為了保持透明度的例行公事，而是包含大量資訊，跟大眾溝通以穩定預期的重要工具。為了更有效傳達訊息，聯儲局一直在增加《經濟展望》的內容，例如上文提及的扇形圖，本來會議後3星期才公開的，後來改為在會議後立刻刊出。聯儲局的溝通對象，到底是一般大眾，還是有能力消化這些資訊的少數人？

為了跟隨社會潮流，聯儲局近年常常提到包容共融等概念，但從傳播資訊的角度看，知識門檻甚高的《經濟展望》等文件，是否在製造一種另類的不公平？就如一個投資者只靠傳媒理解聯儲局，另一個投資者讀通聯儲局所有資訊，兩者的回報會否有別？

除了《經濟展望》這份文件難以理解，聯儲局現時的「加息」也不簡單。

在2009年以前，「加息」是不難理解的事。銀行為了滿足儲備要求，為了保持流動性充裕，可以在聯邦基金市場交易，而這個市場的利率，就是聯邦基金利率（federal funds rate）。聯儲局可以透過買債或賣債，調低或增加這個利率，從而左右銀行的借貸成本，間接地影響整個經濟。

不過，自從2009年金融危機，聯儲局的量化寬鬆政策令銀行水浸，經過一輪加息和量寬收水，又再遇上世紀疫症，銀行到今日仍有歷史性地高的儲備，跟2009前根本是兩個世界。聯邦基金利率，已失去本來的意義。

問題來了，既然儲備充裕，聯儲局為何又能夠影響息率？

聯儲局用的是「雙管齊下」的方法，將聯邦基金利率「夾」高「夾」低。

第一管，是超額儲備利率（interest on excess reserve，簡稱IOER），亦即銀行在聯儲局存放儲備可以賺取的利率。若果銀行可以安安全全在聯儲局賺到某個利率，要借錢出去給其他銀行的話，就自然會要求更高的利率了。若果IOER比聯邦基金利率之類的市場利率高，銀行更加可以先在市場上借錢，再存到聯儲局賺取息差。理論上，在銀行競爭下，IOER會成為市場利率的

「支持位」，聯儲局加息同時增加IOER就能將利率托高了。

只可惜理論如此，實際上IOER不是「支持位」，一來因為並非所有金融機構可以賺IOER，二來剛才形容賺取息差的行為會令銀行擴大，會面對更嚴格的監管。於是，聯儲局不能只靠IOER，還要有第二管，亦即逆回購利率（reverse repurchase agreements rate）。銀行以及其他合資格的金融機構，都可以用這利率借錢給聯儲局。既然安安全全借給聯儲局可以賺這個利率，以逆回購借給私人機構當然會要求更高的利率了。這個由聯儲局決定的利率，是更有效的「支持位」。

現時的安排，一般稱作「充裕儲備」（ample reserve）制度，跟以往的「匱乏儲備」（scarce reserve）制度完全不同。我試過在不同的課堂上解釋這套新制度，雖然沒有數學也沒有方程式，但學生還是聽得一頭霧水。聯儲局也為此制作了大量的教材，但內容無可避免地複雜，我也要花一點精神才明白大概。

可想而知，大眾要明白今天聯儲局的運作，已近乎不可能。貝南奇所說的理想跟現實相差太遠了。

複雜的現實，需要簡單的解讀。回想2016年美國總統大選之時，善於捉摸支持者情緒的特朗普，就曾經提出一個有關聯儲局的經濟陰謀論：當時利率之所以偏低，是因為聯儲局有政治任務，要托高資產價格，只為了幫助民主黨連任。他更點名批評當時的主席耶倫，應為她此舉而感到羞恥。營造建制的陰謀，挑動貧富的矛盾，敢說沒有其他總統候選人敢說的話，這一招為特朗普爭取到不少分數。諷刺的，是在他上任以後，卻轉而批評聯儲局加息太快，建議應將利息減至零甚至負數。

難以普及教育的聯滙制度

央行運作複雜，香港當然亦不會例外。

聯繫滙率制度目的只有一個，就是固定美元兌港元滙率，亦即將滙率限制在1美元兌7.75與7.85港元之間。當港元轉強，觸及7.75的「強方保證」，金管局就會在市場賣出港元，換取以美元為主的外滙儲備；當港元轉弱，觸及7.85的「弱方保證」，金管局就會在市場買入港元，資金來源同樣是外滙儲備。金管局的角色，就是在強弱兩端作出相應買賣。

貨幣基礎的概念，就不容易解釋了。這是金管局可以控制的一個金額，包括4個部分，分別是負債證明書、政府發行的紙幣和硬幣、銀行總結餘、外滙基金票據和債券。

香港共有3家發鈔銀行，每當它們要發行新港元，就要以7.8的滙率將同等美金交給金管局，換取負債證明書，以確保發行港元有百分百由美元支撐（除了發鈔銀行，政府也有發行港元，但幾乎都是硬幣，金額相比下甚小）。貨幣基礎的頭兩部分，亦即在市面上流通的貨幣，在2023年7月時約有6000億港元。

香港的銀行，在金管局設有一個港元結算戶口，一方面作為儲備，一方面以應付日常業務需要，將這些戶口的餘額加起來就是銀行總結餘。這數字的高低，反映銀行體系港元資金的鬆緊。當銀行不夠港元結算，可向同業借用結餘作周轉，代價是付出香港銀行同業拆息，資金愈缺，拆息愈高。金管局在市場上買賣港元，由於銀行體系就是中間人，交易會直接在銀行戶口結餘上反映出來。在2023年7月時銀行總結餘約有400億港元。

最難明也是最大額的部分，就是在2023年7月時價值超過1.2萬億港元的外滙基金票據和債券。這是金管局向銀行發行的短債，年期為3個月以下，視乎需要，可不斷再發。銀行若果不夠港元，就可以抵押手上的外滙基金票據和債券向金管局暫時借入港元，用意是減少銀行之間借貸帶來的利率波動，不必「驚動」同業，避免拆息急升。

掌握了以上概念，我們才可以談及聯滙制度與銀行體系、資金進出的關係。當有資金進入香港，以外幣換港元，亦即港元需求上升，港元有升值壓力，金管局就會在市場賣出港元，總結餘以及貨幣基礎增加，港元資金充裕，利率下降。當有資金離開香港，以港元換外幣，亦即港元需求下降，港元有貶值壓力，金管局就會在市場買入港元，總結餘以及貨幣基礎減少，港元資金趨緊，利率上升。為減慢利率變化，以免為市場帶來衝擊，金管局亦會透過增發或停發剛才提到的外滙基金票據和債券，以減少買賣港元為銀行總結餘帶來的波動。

以上的基本解釋，在專欄寫過不知多少次，金管局亦以無比耐性製作了各類教育宣傳品，結果是大眾對這制度的了解仍是不多。這不是大眾特別蠢，也不是金管局和專家詞不達意，而是聯滙制度的確相當複雜，涉及多個抽象概念，實在不是大眾可以消化的內容。

結果，有關聯滙的經濟陰謀論無日無之。例如自從聯儲局在2021年頭開始加息，港息未有即時跟隨，是以港元偏弱，總結餘自然會從高位下降。經過了一年多的時間，總結餘由4000億下跌至400億，觸發了陰謀論者的無窮想像，什麼銀行體系缺錢即將崩潰，什麼被迫加息會把香港推上絕路，各式各樣的奇談怪論，都聚焦在這一個數字之上。正如剛才解釋，香港的貨幣基礎有4部分，總結餘雖然在下跌，但仍有天文數字的外滙基金票據和債券可供銀行使用，隨時用來作抵押跟金管局借入港元，只是明白這些事實的人不多，始終不夠銀行乾涸的說法吸引。

港元滙率本身，也是陰謀論的泉源。語文的奧妙，在於用字潛移默化的影響，聯滙的「強方保證」和「弱方保證」，是一個滙率的區間，不易理解，但立即可令人聯想起「強」「弱」之別，前者似乎暗示一切向好，後者聽起來負面悲觀得多。於是，每當港元觸及「弱方保證」，傳媒為求增加點擊率，用上「告急」、「救市」、「衝擊」等字眼，每日報道金管局接幾多幾多億沽盤，感覺危機四伏，1997年的金融危機恍似重臨。懂得加鹽加醋的陰謀論者，會更進一步，將觸及「弱方保證」看成樓市股市以至街市毀於一旦的先兆。若果將用字改為「A方保證」及「B方保證」，我相信相關的經濟陰謀論會減少幾成。

事情簡單明瞭，沒有什麼陰謀論可以講。事情複雜難明，尤其是跟我們有關的，我們就會因而不安，怕蝕底，怕被蒙在鼓裏，希望可以找到一個容易明白的解釋，讓本來令人不解的事情回復秩序。古人見到各種自然現象，未有科學理論可以解釋，也未有實驗去印證想法，為了在混沌中尋找安穩，於是就編造出各種神話故事，天文地理每一部分都由神明主宰，神明的一念之間，神明鬥個你死我亡，凡間就可以忽然被洪水淹沒。把自然現象換成經濟現象，把風雨雷劈換成金融資產，把古人換成今人，太陽之下原來無新事，經濟陰謀論只是滿天神佛的現代版本而已。

可惜，這不是只聽聽故事而已。在2019年左右，走資是個熱門題目，網紅就重複再重複以上的經濟陰謀論，爭相預測港元崩潰，除了建議把港元資產轉作美金，以防港元大貶值，亦有人指美金存款也未必安全，因為當香港實施外滙管制，放在香港的美金也不能逃走，為了自保，因此要開離岸戶口。幾年以後，聯滙制度仍在，把美金放在有保障的離岸戶口不會有損失，極其量只是費時失事和蝕手續費而已。怕的是在一片恐慌之下，不熟悉金融的市民特別容易受騙，騙徒亦會選擇在走資熱潮之時活動。

在2022年金管局高層就撰文，指有騙徒自稱財務「顧問」，聲稱可以代市民開設海外銀行戶口。雖然從未聽過這些海外銀行，但有人誤信「顧問」的推介，以為相關銀行實力雄厚；部分「顧問」更以高息吸引市民存款。收完高息不久，存戶就不再收到任何利息，其後連本金也不能提取了。

除了離岸戶口，各種加密貨幣騙局也是在這時乘勢而起。隨便在網上一找，就可看到這樣的分析：「量化寬鬆引起通貨膨脹，令我們手中的貨幣貶值，而在香港銀行存款也可輕易地被凍結。問題來自於政府或銀行這個中間人，有權力操控我們財產的所有權和價值。因此大家要開去中心化的加密貨幣戶口，以求自保……」若果加密貨幣投資真的是去中心化，那投資者除了面對幣價波幅，也不會有重大損失，但也有人把錢存放到其實很中心化的平台，結果血本無歸。2023年香港JPEX的故事，不用我再重複了。

第二部

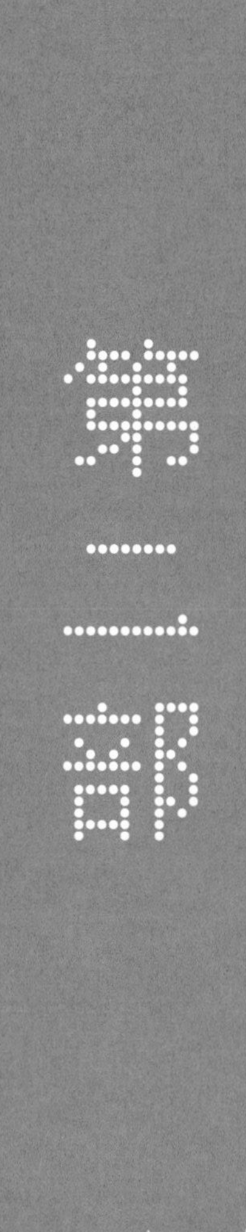

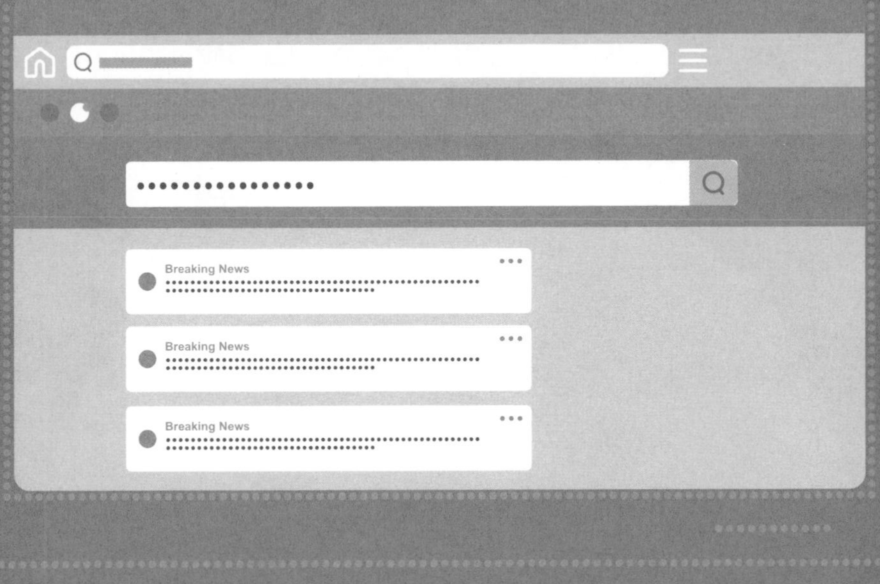

事實加想像，引人入勝的情節

陰謀論，

無不有一個邪惡的力量在背後，

當眾人都茫然不知，

或甘於視而不見的時候，

唯有「知道真相」的陰謀論者站在正義一方，

致力揭破壞人的詭計，

等待有一日正義得到伸張。

四 · 以事實支撐的天馬行空

經濟陰謀論的首要條件，是不能「百分百創作」，總要有一定的事實基礎。從事實出發，除了特別有說服力，如何把本來平平無奇的事實說得峰迴路轉，亦有其引人入勝之處。當然了，內裏還有一個不容易解決的邏輯問題：把經濟陰謀論推到盡頭，官方所謂的事實（例如經濟數據、政策公布）根本就不值得相信，全都是有意圖欺騙大眾的煙幕。一邊相信一些事實，一邊徹底懷疑，是頗為矛盾的。無論如何，經濟陰謀論就是要以一些事實支撐，不能完全天馬行空。

可疑的勞動市場數字背後

2023年美國公布5月份的就業報告，新聞頭條的角度，不外乎是勞工市場韌力十足，在聯儲局連番加息之下，非農職位仍有比市場預期要高的增長，早兩個月的數字更有上調。報告的另一主角失業率，則由3.4%升至3.7%。

細看這份報告，會發現一個有趣的分歧：根據機構調查（establishment survey），非農職位增長為33.9萬個，算出失業率的家庭調查（household survey），則顯示就業人數下跌31萬，失業人數更上升了44萬。

一升一跌，耐人尋味，好幾位在創新科技界大名鼎鼎的創業家、投資者，就為此大造文章，言下之意是政府有捏造數據的嫌疑。擁有數十萬追蹤者的名人一聲令下，其支持者自然就各自發揮想像力，各種陰謀論應運而生，政府故意唱好就業市場的說法不脛而走。有的指負責統計的政府部門一直在造數（has been cooking the books for a very long time），有的說這是深層政府的陰謀（deep state agenda），有的更指美國其實早就在衰退之中，只是政府利用統計數字掩飾真相而已。

先解釋一點背景。美國每月的就業情況報告，數據來自兩個獨立的調查，一為家庭調查，一為機構調查。前者就像香港的人口普查，問的是家庭成員的工作情況。調查除了問誰在工作、誰失業、誰在找工作等問題，也記錄家庭成員的性別、年齡、教育程度等資料。不過，由於作這類訪問的成本不低，於是抽樣較小，每月只有7萬個家庭左右，不到美國人口的1%；機構調查的資料則是從非農業機構得來的，探討的是公司請了多少人、解僱了多少人等問題，以行業分門別類，抽樣更有十多萬家的機構，涉及以百萬計的僱員。一般來說，由機構調查的抽樣大得多，其數字也就更可靠。不過，機構調查並不包括自僱、從事農業等人口，涵蓋面比家庭調查要窄一點。

以客觀事實跳躍出來的結論

是的，機構調查樣本較大，「噪音」較少，一般比家庭調查可靠，是以5月這份報告是喜多於憂。為了方便比較兩組數字，負責整理就業報告的勞工統計局（Bureau of Labor Statistics）特地製成了經調整的家庭調查就業數字（adjusted household survey employment），主要步驟是剔除農業勞工和考慮擁有超過一份工作的勞工（家庭調查是以人為單位，機構調查則以職位為單位）。根據5月份的數據，經調整的家庭調查跟機構調查分別小得多，非農職位和就業人口上升的方向亦一致。

經濟陰謀論，不論中外，套路大致一樣。就業數據的分歧，都是建築在一些客觀事實之上。勞工統計局的就業報告，白紙黑字地寫出兩組似有矛盾的數字，而大選臨近，拜登政府的確在追求亮麗的經濟表現。

事實大家都觀察到，就業報告的兩組數字樣本大小不同，經常出現數額不少的差異。陰謀論者的厲害之處，是以此起點作一個遠超事實所能支持的思想跳躍，一跳就跳到政府官僚為唱好經濟、為拜登政府護航改善選情，而故意美化一組數字。

事實客觀可信，但思想跳躍出來的結論吸引，陰謀論的威力從來是源自三分事實加上七分想像(比例高低，視乎陰謀論者的功力)。完全沒有根據的故事，是難以成為陰謀論的。天馬行空的神話傳說之所以引人入勝，必不可少的是一些人人都知道的事實(例如天文現象、地理環境)，以及在滿天神佛中滲入一些真實人物。

勞工統計局不是一個日常生活會接觸到的政府部門，一般人就算有留意失業率，也不一定知道數據的出處。相比之下，聯儲局是個無人不知的大機構，有足以影響世界的權力，當然不乏有心人以事實想像出來的經濟陰謀論。

FedNow的「驚天大陰謀」

香港由金管局管理的「轉數快」，早於2018年已開始運作；在美國，由聯儲局管理的FedNow，則要到2023年才出現。兩者主要分別，是「轉數快」是人人可以參與的計劃，FedNow則只供銀行或其他金融機構使用，消費者只能間接受惠。美國官方的即時支付系統發展雖然落後，但私人研發的系統如Zelle、Venmo等其實早已運作多年，所有大型銀行都有參與，相當普及，Venmo一字更已成為當地日常動詞。聯儲局加入戰團推出FedNow，多少有「關懷弱勢」普惠金融的意圖：規模小的銀行、身處偏遠地區的消費者和商戶，從此都可以享用即時收支的服務。

支付系統是個非常沉悶的技術性話題，本來就沒有太多值得討論。神奇的，是自從聯儲局在2023年3月宣布即將推出FedNow，有關的陰謀論層出不窮，除了扯上政府監控，更牽涉一宗謀殺案！

歷史悠久的智庫Foundation for Economic Education，就有文章指FedNow令政府有更大權力操控市民財政，所有銀行資料與交易金額，從此都會透過銀行交到政府手上。另一擔憂，是若果金融界紛紛加入使用這套系統，FedNow或會趕絕私人市場的競爭者。智庫這篇文章，雖有點陰謀論意味，但尚算「正路」，其他在網上「廣傳」的資訊，展現的就是另一水平的幻想力了，例如一段短片就說：「明天，4月的第一個星期，聯儲局會開始推出新的央行數碼美元。對，這個稱為 FedNow的計劃，不會在一夜之間取代你的紙幣，但它正在朝這方向發展。」

與兇殺案混為一談的陰謀

將FedNow與中央銀行數碼貨幣（CBDC）混為一談的，不只是網上陰謀論小圈子的言論，一些見報率極高的政客亦提出過類似觀點。例如有意爭取入主白宮的已故美國總統甘迺迪的姪兒小羅拔甘迺迪（Robert F. Kennedy Jr.），就在2023年4月發了一篇長長的推文，內容包括：「聯儲局剛宣布將於7月推出FedNow中央銀行數位貨幣。中央銀行數碼貨幣將會把我們推向金融奴役和政治暴政……聯儲局最初會限制於銀行間交易，但我們不應忽視一個顯而易見的危機，亦即這是禁止和沒收比特幣的第一步，就像90年前的今天（1933年）財政部對黃金所做的那樣。」這篇推文，有超過800萬人看過，轉推3萬多次，絕非少數意見。

另一方面，聯儲局於2023年3月宣布推出計劃後不久，三藩市發生了一宗震驚當地的謀殺案：流動付款平台Cash App創辦人之一Bob Lee遇襲身亡。時間吻合，行業又吻合，網上陰謀論隨之四起，或明或暗指這是聯儲局為了消滅競爭對手的行動之一，比電影情節還要精采。

結果，本來就在市場頗有地位的Cash App，並沒有因創辦人之一被殺而倒下，反而業務增長不俗。經過警方調查，Bob Lee原來認識同樣是科技界的兇手，並曾跟其妹發展婚外情關係。事發當日，兇手曾質問Bob Lee有否跟其妹一起吸毒，爭執期間Bob Lee遇害……無論情節如何混亂，明顯地跟聯儲局完全風馬牛不相及。

至於來勢洶洶，被指要奪去美國人自由的FedNow，推出幾個月後，反應其實相當普通，只有約100間的金融機構登記。執筆時還找不到FedNow市場比例的數據，使用量亦非公開資訊，但當全美國有超過一萬間銀行和信用合作社，可想而知FedNow暫時佔的比重不大，遠不及那些陰謀論所預示的橫行霸道。

FedNow是真實存在，實施日期亦公布得很清楚，各種經濟陰謀論，就是在這些事實基礎上開展出來的。當然了，正如在第一部提到，陰謀論之所以出現，也因為FedNow這話題太過專門，絕大部分的市民都不太清楚FedNow（以及Fedwire等其他系統）如何運作，也不知道中央銀行數碼貨幣是什麼東西。難以理解，但又事關個人財產，甚至會牽涉到付款消費的自由，容易入口的陰謀論自然就有市場了。

除了美國的聯儲局不時令人思想馳騁，香港的金管局也予人無盡的想像空間。

從貼現窗看流動「危機」

話說在2023年6月，有一單財經小新聞，指某日金管局貼現窗使用量達31億元，為2023年5月以來最高。根據市場傳聞，向金管局拆借31億元隔夜流動港元資金的，是本地發鈔銀行渣打。傳聞中的傳聞，是某銀行在當日收市前未有按承諾向渣打拆出資金對盤，渣打只好抵押外滙基金票據或債券給金管局，借入隔夜的款項以作結算。

新聞主角渣打，當然不會為此作評論。金管局的回應則一如既往地官腔，指貼現窗活動是正常現象。在此之前金管局亦曾表明，銀行有需要時應使用貼現窗，不必擔心「標籤效應」。

但在網上世界，這單新聞一度引起亢奮。除了對事件的戲劇性文字分析，亦有不少觀看人數以萬計的短片，標題用語包括「震驚」、「真相耐人尋味」、「流動性出問題」、「金管局急忙解釋」、「全香港有問題」、「事情非常罕見」等等，好像香港銀行危機將至。

貼現窗，是金管局為銀行體系提供短期流動性的一個方法。銀行每日結算，若果發現流動資金不足，就可以在下午5時半至6時半，以手上的外滙基金票據或債券作為抵押品，向金管局借隔夜港元流動資金。這借錢渠道的利率，是「機械地」計算出來的：美國聯邦基金利率目標區間下限加半厘，以及隔夜和一個月香港銀行同業拆息過去五日的平均數，兩者較高的就是貼現窗的息率了。

一般來說，貼現窗利率比跟同業借的要高，那銀行為什麼要跟金管局借錢？除了有時候金額太大，未必能夠在同業市場找到足夠資金，利率差距也是重要因素。由2023年初開始，香港利率漸漸跟美國看齊，在7月初兩個利率一度非常接近，從貼現窗借錢毋須付出明顯的「溢價」，銀行也就樂於使用這措施了。再者，31億港元對銀行來說根本是個小數目。若果傳聞屬實，一日的貼現窗利率對渣打來說只是「碎銀」，就算臨時「甩底」的那家銀行，罰息的金額也相當有限。

再者，回顧近年數據，就知道貼現窗活動從來不是什麼異象，31億也不是特別大的金額。當港息追上美息，貼現窗和銀行同業的息差減少，貼現窗活動增加是正常發展，並非災難預兆。

虛中有實故事才吸引

也許事件實在太過瑣碎，也許那天之後貼現窗好幾日沒有活動，也許渣打事後還是好端端的存在，這個銀行體系陰謀論很快就沒有下文。一眾無所不評的網紅，瞬間就將注意力放到其他新聞上去，散播另一些恐慌。其人多勢眾的粉絲信徒，亦早已將其拋諸腦後，轉而擔心（或期待）其他災難危機了。

就如失業數字、FedNow的例子，這個經濟陰謀論不是完全虛構，而是建基於一些可以觀察到的事實，例如貼現窗的確有31億的紀錄，金管局的確有為此作澄清。虛中有實，故事才有吸引力，符合了經濟陰謀論的基本條件。此外，貼現窗是相當技術性的概念，當散播和接受陰謀論的雙方都不知道自己在說什麼，也就不懂得分辨對錯，於是就可暢所欲言天馬行空了。貼現窗雖然複雜，但事件有一些「貼地」元素，例如流動性不足，可以簡單解讀成「銀行冇錢」，而由於渣打銀行無人不識，其他小銀行就更凶多吉少了。這情況就如港元觸及「弱方保證」，總會令人往「弱」處去想一樣。

這單貼現窗新聞，其實是間接推翻了另一個流行更廣更持久的陰謀論。銀行總結餘由數千億跌至2022年中的400多億，不少網紅就為此大造文章，推演出銀行體系即將崩潰、聯滙制度危在旦夕之類的結論。其實銀行總結餘只是貨幣基礎的一小部分，若果銀行需要港元資金，仍有過萬億的外滙基金票據及債券可作抵押。香港銀行體系流動性依然十足，只關心銀行總結餘不是無知，就是有心危言聳聽。

金管局曾經很在意這些陰謀論，會特地撰文向大眾解釋。不過，也許是這類言論太多(而且重複)，又或宣傳教育效果不太明顯，金管局近年好像已進入「佛系」境界，懶理這些「大愚若智」的謠言了。當經濟陰謀論可以在事實上發揮創意，而金管局只能把事實重複又重複，雙方吸引觀眾的實力太懸殊了。

五．難以觀察的神秘行動

陰謀論之所以生命力強，全靠理論中的關鍵內容，都是看不到聽不到觀察不到的，有的是誅心論，有的是沒有根據但難以否定的指控。只要信，不要問，因為根本問無可問。

且從一單學術爭議說起。在2017年，美國杜克（Duke）大學歷史系教授麥克林（Nancy MacLean）出版*Democracy in Chains: The Deep History of the Radical Right's Stealth Plan for America*一書。書名爆炸性十足，又「極右」又「秘密」，主角之一是一個學術界以外少人認識的經濟學者布坎南（James Buchanan）。

根據作者的推論，布坎南是被大眾忽略的美國極右思潮理論導師，受右派資金大力支持，意圖利用其公共選擇（public choice）的學說，限制一人一票大多數的民主制度，減少政府權力藉以增加少數權勢階級的影響力，帶頭執行破壞美國傳統社會基石的一個秘密行動（stealth plan）。

此書一出，反應兩極。主流傳媒一面倒讚好此書，銷量甚佳獲獎無數，跟公共選擇學派有關的學者，則指出書中作者對布坎南的學說有不少誤解之處，對布坎南個人的批評大也多出於陰謀論式的臆測。例如作者想證明布坎南跟美國富豪科赫(Koch)家族的右派資金關係密切，但由頭到尾都實質證據欠奉，極其量只夠支持兩者有頗為疏遠的關係而已。又例如作者想指布坎南跟智利皮諾切特(Augusto Pinochet Ugarte)的極權統治有關，證據之一就是布坎南沒有記述他到智利訪問的過程，也沒有公開對政權提出過批評。無聲勝有聲，其中必有不可告人的內情。

面對一眾公共選擇學者的批評，作者的回應跟書中的主題可謂相當一致：這些批評者或多或少都跟右派資金扯上關係，因此這些批評其實是右派反民主陰謀行動的一部分，非但沒有推翻書中觀點，反而為此陰謀論提供了更多的證據！

這就是經濟陰謀論的難以捉摸之處了。雖然沒有證據指布坎南跟科赫家族熟絡，但科赫家族既然有財有勢，當然可以保守秘密，也許他們過從甚密，只是外人沒有機會觀察到而已。布坎南曾到訪智利，竟然沒有留下文字紀錄，更沒有批評其政權，那就一定是心中有鬼了。面對這些指控，若果我要為布坎南辯護，我也會束手無策，因為要證明布坎南沒有做過一些神秘莫測的事，比要證明他曾做過那些事的難度要高。

經濟陰謀論，總有不可告人的情節在內。

貨幣互換協議的「空城計」

在2022年，香港金管局宣布與人民銀行「優化貨幣互換協議」，除了改為常備協議形式，從此不用續期，協議規模亦由原來的5900億元港幣擴大至接近一萬億元港幣。金管局總裁余偉文當時這樣說：「優化與人民銀行的貨幣互換協議，以及金管局的人民幣流動資金安排，可確保香港作為離岸市場有充裕的人民幣流動性，進一步鞏固香港發展離岸人民幣業務的獨特優勢及領先地位。」

若果你讀金管局的新聞稿，大概會讀到一頭霧水，因為這項政策涉及太多的術語，什麼「互換協議」，什麼「流動性」，明明每個中文字都認得，放在一起就不知所云。

其實只要花一點時間翻查資料，所謂「互換協議」是不難理解的。話說當年911恐襲之後，美國貨幣市場一度停頓，一向在市場以新美元債取代舊美元債的各國央行，忽然間手上美元不足以應付本地需求，隨時面對「人踩人」搶美元扯高利率的慘況（亦即流動性危機）。為了解決問題，獨家發行美元的聯儲局就跟幾間主要央行建立互換協議，讓對方以其貨幣暫時換取美金，藉此避免市場震盪。

後來經過2009年金融危機，全球央行之間建立互換協議漸成常態，而涉及的貨幣也不一定是美元。簡單來說，央行互換協議就是為了抵消短期衝擊，就算對外幣有突如其來的巨大需求，央行也不用強硬入市，可以透過互換協議靜靜地滿足突如其來的需要，避免利率抽升引起恐慌。由於這些市場衝擊不常見，互換協議大部分時間只是一條使用量甚低的水喉，只有在非常時期才會盡用去穩定市場。隨着人民幣的流量在香港增加，金管局跟人民銀行有互換協議是個合理安排。

以上兩段解釋有一個致命弱點：沉悶不夠戲劇性，亦未能擊中大眾的情緒。

從經濟陰謀論的角度看，整件事就緊張刺激得多了：互換協議，顧名思義，就是我借你蘋果你借我橙，但若果你借了我的蘋果不還，又或你給我的橙全是爛的，那互換協議就是一個名正言順搶劫香港的渠道，可以讓內地隨時使用香港人儲下來的彈藥，一夜之間掏空所有儲備。原本搶的數額不夠，現在要大幅加大到近萬億，不是很可疑嗎？更令人想入非非的，是協議變成常設，毋須續期，難道是強迫香港人就範？再推論下去，金管局官員的解釋，通通都是掩飾，香港的外滙儲備其實早已被掏空，聯繫滙率制度岌岌可危，大家還是盡快變賣港元資產，更理想的就是盡早移民脫離險境。2019年，滙控行政總裁范寧（John Flint）突然宣布離任時，就有講法指內地借用香港外滙儲備4000億美元至今未還，滙豐高層因而要退下來。

以上短短一段，已見起承轉合，足以拍成電影的故事。這當然不是我的「創作」，而是集各家之大成的「智慧結晶」。隨便到Facebook一找，就會見到數以千計獲讚好的同類文章；隨便到YouTube搜索，又可以看到主持人談論此事時七情上面的影片。相比之下，從流動性出發的經濟學解釋，又或金管局用心良苦的宣傳教育，從來都乏人問津，都是流量毒藥。市場傳達的訊息清楚不過：經濟陰謀論就是一眾網紅爭相使用的流量密碼，講得愈誇張，講得愈離奇，加上一點個人魅力，就能吸引大量支持者，眾集誠心奉獻的信徒。

作為一個經濟學者，面對如此情況可以有兩種反應。

一為眾人皆醉我獨醒，既瞧不起愚蠢無知的大眾，也鄙視為求收視不擇手段的網紅。既然解釋幾多次都不能擊破陰謀論，倒不如索性將其當作透明，無謂自討沒趣跟主流對抗。

一為將經濟陰謀論看成一個經濟現象，當作一件有價有市的產品去分析，試圖找出背後的供求因素，根本地去了解故事天馬行空的吸引力。「互換協議」這個故事的成功之處，在於除了協議以外，其餘細節都是不能觀察的。中央把錢搬走，金管局如何可以證明這件事沒有發生？就算有核數師監察，陰謀論者也可以說核數師根本就是整個計劃的一部分，不可相信。就算金管局公布數據，指出機制使用量甚低，陰謀論者也會說這是假資訊。就算港元穩定、聯滙制度沒有出現異常，陰謀論者也可以反駁說這只是「托市」的假象。就如難以證明經濟學者布坎南沒有做過什麼事，金管局要向陰謀論者說服儲備沒有被偷走，也是吃力不討好的工作。

「港元崩潰論」的套路

其他有關香港金融制度的陰謀論，有的是同一種難以對抗的神秘色彩。

不時亮相傳媒的對沖基金創辦人巴斯（Kyle Bass），多年來一直唱淡港元，鼓勵投資者換成美元避險。他曾作過一次詳盡分析，用數字力陳香港的外滙儲備不足。分析中用到一條國際貨幣基金組織（IMF）建議的方程式，算出香港所需的儲備，似乎有根有據：

（10%×出口）+（10%×廣義貨幣）+（30%×短債）+（20%×其他負債）

這是IMF在金融危機後研究出來並同意採用的一個準則，名為「儲備充足評估」（Assessing Reserve Adequacy），是專為採用固定滙率的新興市場而設的計算方法（浮動滙率的版本則比較寬鬆）。計算原意，是將好幾個源用已久的準則「炒埋一碟」，作為預防外來資金突然乾塘或滙率受狙擊的參考。IMF建議外滙儲備至少要等同以上算式得出的數字。

有趣的是，IMF有為大部分國家計算準則，但由於數據不足，一直沒有為香港計這條數。巴斯根據自己找到的數字，考慮到香港是個轉口港，得出以下答案：

10% × 1190 億美元
10% × 9252 億美元
30% × 10470 億美元
\+ 20% × 3840 億美元

4953.2 億美元

換算成港元就是接近4萬億港元，超過了現時幾千億的外滙儲備，亦即香港明顯未能達標。巴斯繼而分析，香港政府真正可以動用的儲備只有一成左右，因此儲備是嚴重不足，聯滙能夠存在36年可說是個奇蹟(The architects of the peg should be commended for the fact that it lasted for as long as 36 years)，投資者在事件有變之前應將港元換成美元(Investors should heed this warning and convert their HKD to USD before the relationship changes)。

我暫不討論香港真正可用的儲備是否如此少得可憐（巴斯有意無意曲解了聯滙機制），也不討論投資者應否換美元（有閒錢成本夠低，無妨一換求個安心），我只是不太理解計算中用到的10,470億美元這個短債數字。

這個天文數字有根有據，可以在統計處網頁找到，只是此短債跟其他國家的短債情況有重大差別。香港政府本身沒有對外負債，這筆龐大短債絕大部分來自銀行體系：香港作為一個國際金融中心，大量外地銀行在香港本地銀行有短期存款，算作香港的「對外短債」。至於真正由銀行體系以外欠下的對外短債，金額其實只有十分一左右。若果不計銀行體系那一筆特別的短債，IMF那條數就會少了一大截，巴斯儲備不足之說就很難站得住腳了。

與港元不保這個故事有關的，是香港走資情況嚴重的故事。傳媒不時報道銀行界「內幕消息」，如某大戶將錢搬離香港，如離岸戶口申請數字上升等，例如就有傳媒引述「銀行界朋友」說，單單因為2019年的兩次大遊行，有「香港富豪」就至少將100億美元資金轉到海外。高盛這間大行也曾加入行列，發表報告估計6至8月或有高達40億美元的存款由香港流入新加坡。

這些故事很難以事實推翻，又或可以將大量的可能性包含在內。

只要資金自由出入金融活動頻繁，存款數字自然經常大上大落，某個月香港數字下跌，總可以找到某地數字上升，由此就可以「證明」香港資金流到某地了。又若果你真心相信金管局儲備被偷光之說，無論金管局提出什麼數字反駁，你都可以解讀成陰謀的一部分，只是用假數字去掩飾掏空儲備的真相而已。

國際金融「鬼故」還有一個特色，就是故事牽涉一些技術性、一般人難以明白的知識。例如要駁斥巴斯外滙儲備不足的講法，就要證明他有意無意誤用了IMF的方程式。要用數據推算香港實際的走資情況，又要搞清楚國際收支平衡的一些基本概念。要拆解金管局儲備被掏空這個大膽的故事，也要明白「港元人民幣貨幣互換協議」這個複雜安排。既然大家都一知半解，這些故事就可以講得更天馬行空，銀碼開得愈來愈大，災難描述得愈來愈恐怖了。

對個人來說，誤信這些鬼故有什麼效果？是否要像對待鬼神一樣寧可信其有，不可信其無？若果純粹是聽聽故事，像八卦一下UFO傳聞之類，純粹娛樂無傷大雅；就如盼望樓市股市崩潰，期待「欣賞」別人傾家蕩產的一日，透過國際金融鬼故滿足「港爆」幻想也是情有可原。又如果只將鬼故當成機會極低的潛在風險，用低成本方法為自己買個保險（如將閒錢轉作美金），也不失為審慎的投資策略。

最頭痛的還是金管局。理論上，若果市民太易受謠言影響，太易相信各類江湖傳聞，對整體金融穩定有害無益，增加悲觀預言自我實現的機會。面對各種國際金融鬼故，金管局總不能個個都出聲明澄清，但也不能置之不理。在這個人心惶惶的年代，如何有說服力地講一個正正常常的故事，是金管局的不可能任務。

六．誓不兩立的正邪之戰

電視台受大眾歡迎的劇集都有一個共通點：忠奸角色要分別。香港大型電視台十年如一日的電視劇，無論是古裝還是時裝，主角當然是忠的，其餘角色有的是奸角扮成忠角（揭露這秘密就是故事主軸），有的則擺明是奸角。就算劇情再曲折離奇，最後也是邪不能勝正，好人圓滿大結局，壞人得到應得懲罰。

嫌這套劇集太老土，可以轉看歐美劇集。是的，相比價值觀仍然傳統的亞洲，歐美劇集中有較多所謂反英雄（antihero）的角色，亦即主角亦正亦邪，甚至完全是一個壞人（例如著名的 *Dexter*、*Breaking Bad*）。不過，這類作品往往有另一堆更壞的角色作為襯托，總不能從頭到尾都在描述主角如何陷害好人，而是要主角跟更大的邪惡勢力交峰。再者，以數量計，這類反英雄作品，佔的是極少數，隨便打開電視，隨便在串流平台揀選一套劇集，十居其九仍是老土的正邪之戰，套套大同小異，忠角奸角還是可以分得清楚的。最明顯的例子，就是數量多到數不清的超級英雄電影吧。

這現象說明了什麼？有求必有供，忠角被奸角所害，歷盡艱辛，到最後正義必勝，搗破奸角的陰謀，這個橋段，自有文字紀錄以來幾乎就存在，而且橫跨文化地域，每處的神話故事、民間傳說，總有類似的英雄出現，總有似曾相識的對白，總有好像在那裏看過的劇情發展。也許，我們對這種作品就是情有獨鍾，需求堅固得可以抵抗時間的流逝。

經濟陰謀論，其實也是一個「正邪交鋒」的故事。

套用術語，這種思維方式可稱為摩尼教式（Manichean），起源是約三世紀時出現的摩尼教。這宗教的一個特點，是以二元論理解世界，分成兩個對立且無法融和的力量，可以是善惡，可以是光暗，引伸到文藝創作，就是非黑即白的角色設定，不是朋友就是敵人，不是好人就是壞人，純潔的一方要慎防被腐化，邪惡的一方又有救贖的可能，總之不是屬於這一隊，就是屬於那一隊，截然二分。

陰謀論，無不有一個邪惡的力量在背後，當眾人都茫然不知，或甘於視而不見的時候，唯有「知道真相」的陰謀論者站在正義一方，致力揭破壞人的詭計，等待有一日正義得到伸張。無論是之前提過的港元滙率陰謀，還是政府捏造數據的謠言，都可以用這種正邪的框架去分析（正義的香港市民與邪惡的財金勢力，正義的美國市民與邪惡的政府官僚）。

論及正邪，最著名的經濟陰謀論，當然是「自古以來」針對猶太人的各種傳說了。

影響深遠的《錫安長老會紀要》

世上有太多我們不明白的事情。

也許是知道的事實太少，又或細節太複雜，以至根本超出我們的理解能力。從戰爭到天災，從蕭條到疫病，我們時間有限，知識亦有限制，總不能樣樣都搞清楚來龍去脈。就算今天盡力研究一事，明天又再發生千百件新事，根本是以有涯隨無涯。

只是茫然無知，又會引起焦慮不安。於是我們渴求簡單明瞭的故事，藉以圓滿解釋所有看似無關的現象。於是無論網上網下，受歡迎的意見領袖都有一個共通點。無論現實中發生什麼事，都可以得出同一結論、支持同一立場，總可以把故事說好，永不會說「不知道」或「不肯定」。以「政府無能」、「制度崩壞」等簡單的論述，解釋香港每日的大小新聞，是有精神上的安慰作用的。

化繁為簡的基本人性，當然不是香港人專有。

美國漫畫家艾斯納（Will Eisner）於2005年的暢銷作《陰謀》（*The Plot*），說的是大約一百年前出現的《錫安長老會紀要》（*The Protocols of the Elders of Zion*，下稱《紀要》）。這份文字枯燥的文件，記述的是一個不知名的猶太講者，在不知道什麼時間地點，給一班相信也是猶太人的聽眾的講話，講的是多個世紀以前開始一個由猶太人策劃征服非猶太世界的陰謀，詳細說明了陰謀的目的（例如建立新社會）和執行手法（例如借貸賺取利息、掌握黃金）。

這份文件最初於1903年在俄國出版，後來又出現了幾個不同版本，但影響力甚微。多得第一次世界大戰，這份文件被譯成多國文字、暢銷全球。舊世界舊皇朝瓦解、共產革命勢力傳遍四方、經濟衰頹百業凋零、社會動盪人人自危，在這個亂七八糟的時刻，《紀要》正好滿足了不少人的惶恐心理需要，既能以陰謀策略解釋所有亂象，亦能把憤怒和怨恨聚焦到猶太人這一個目標。

美國福特汽車的創辦人亨利福特(Henry Ford),就在自己擁有的報紙刊登了一系列文章,以《紀要》作為參考,警告猶太人如何利用共產主義、嫖賭飲吹、工會以及爵士音樂等東西毒害美國。這些文章後來結集成書,題為《國際猶太:世界的首要問題》(*The International Jew: The World's Foremost Problem*),甚為暢銷。《紀要》在英國亦極受歡迎,不少政府領導人都甚為受落,丘吉爾未當上首相的時候,就曾警告俄共與無神論的猶太人合謀推行邪惡計劃,宣揚「敵基督的福音」。後來的納粹德國,當然也有用《紀要》的內容作為政治宣傳。直至今天,《紀要》幾乎每一種語文都有譯本(網上書店找到的中文版,副題為「由世界政府來征服世界」)。

其實在《紀要》流行世界後不久,就有研究發現這份文件是偽造的。文件中有好一部分的文字,幾乎原文照抄自十九世紀法國作者Maurice Joly一本不太有名的著作。漫畫《陰謀》的一個主題,就是這份幾可肯定是子虛烏有的《紀要》,竟可以在一百多年來不斷吸引信徒,穿越文化宗教傳遍世界所有角落。

《陰謀》這部漫畫的精采之處,在於揭露《紀要》這個陰謀背後的另一個陰謀。原來《紀要》這份文件,是帝俄時代的秘密警察、保守勢力的主意：為了維護政權穩定，為了跟自由主義世俗化抗衡，俄國需要一個想像出來的敵人。負責憑空捏造的，是記者、作家Matvei Golovinski。漫畫《陰謀》詳細交代整個過程，情節峰迴路轉，出場人物眾多，根據的主要是1933至1935年在瑞士一場有關《紀要》的審訊，以及1999年一個俄羅斯學者在解封檔案的發現。

百多年前捏造的文件，找到真兇，找到緣由，只可惜還是有愚昧的人相信。故事完整，資料充足，最後留下遺憾唏噓，漫畫《陰謀》令人想起愈拍愈多的紀錄片。

《紀要》為幾代人提供了一個解釋世界的簡單方法，漫畫《陰謀》何嘗不是在建構一個清楚明瞭的故事？在那場審訊作證的一個法國貴族，聲稱目睹捏造過程，但此人聲譽甚差，並不可信。至於那個俄羅斯學者，聲稱在檔案找到Golovinski為作者的證據，但除了引起媒體一時關注以外，似乎沒有就此作更嚴謹的學術研究。

研究《紀要》的歷史學者不多，根據我有限的閱讀了解，除了《紀要》為捏造這個針對猶太人的結論以外，《紀要》作者是誰、何時以及為何寫成，幾乎都是仍未解破的歷史迷團。奈何我們都需要完整的故事，這種不知道、不肯定的存疑狀態，既不適合拍成鼓動人心的紀錄片，也不能用來創作出《陰謀》這樣成功的漫畫。諷刺的是，旨在打破猶太陰謀論的《陰謀》，為了增強說服力，也使用了陰謀論常見的寫作手法！

被遺忘的巴拿馬運河醜聞

在《紀要》一紙風行之前，其實反猶情緒在歐洲已不是小眾之事，其中尤以法國有代表性。

法國歷史上的德雷福斯事件（Dreyfus Affair），相信大家都聽過。法國猶太軍官德雷福斯（Alfred Dreyfus），於1894年被指控洩漏軍事機密給德國，被軍事法庭判有罪入獄。事件是法國反猶運動在十九世紀末的高峰，其中傳媒發揮出足以影響輿論和法庭判決的威力。雖然後來發現證據不足兼不可信，高等法院並於1906年還德雷福斯清白，但反猶運動的趨勢已成，覆水難收了。

較少人知的，是在事件前的兩年，發生了一件重大的金融災難，早已激起反猶情緒，德雷福斯事件只是再上層樓而已。

根據政治哲學家鄂蘭（Hannah Arendt）在《極權主義的起源》（*The Origins of Totalitarianism*）一書中的記述，成功集資建成蘇彝士運河的法國外交官兼商人德雷賽布（Ferdinand de Lesseps），憑着其名氣再接再厲，在1880年成立公司計劃興建巴拿馬運河。搞了好幾年，無甚進展，人財損失皆慘重，到1889年正式破產，一眾投資者血本無歸（維基百科有提到涉及金額，但來源不詳，不足信）。這家公司之所以能夠大量集資，除了靠德雷賽布的號召力，亦因為法國政府多次批出貸款支持，予人安全可靠的印象，投資者才放心投資其股票和債券。破產以後，大眾將矛頭指向德雷賽布本人，指其管理不善、貪污浪費之類。

生意失敗乃是常事，投資損手也是平常，事件之所以被稱為巴拿馬運河醜聞（Panama Canal Scandal），是因為在兩年之後，有報紙揭發德雷賽布為了爭取政府貸款，多年來一直在賄賂傳媒、政府、政客。記者和高官收錢不算震撼，最令大眾驚訝的，是在民選議會當中，竟有一半亦即過百名的議員收過賄款，齊齊唱好運河，合力將公帑私帑掉進無底深潭。若果沒有政府的支持，以及隨之而來的私人投資，德雷賽布極具野心的計劃其實早已泡湯。沒有行賄，政府就不會慷慨解囊，就沒有更多平民百姓投資者「入甕」了。

鄂蘭也在書中提到，行賄規模如此巨大，涉及的交易費用相當可觀。德雷賽布想政府批出貸款，當然不可能親力親為，跟逐份報紙逐個議員交涉，而是要透過中間人打通天地線。貸款到手，賄款加佣金，七除八扣後可能所餘無幾，更慘的是付費以後，貸款被否決，白白損害股東利益。這種手法，性質跟不斷借高利貸博一鋪甚為相似，能夠買到的時間不多。奇蹟未能及時出現，投資計劃就要向現實低頭了。

事件中行賄的公司管理層和受賄的政客，後來只有極少數被檢控，被定罪的就更少。這些人之中沒有是猶太裔的，為何這件事會將本來小眾的法國反猶運動推向主流？原來揭發事件的那份報紙，特別提到作為中間人的3名法國猶太人。事件隨即被解讀為猶太人暗中控制法國政治制度，意圖掠奪法國人財產的一個金融陰謀。危機之時，人心惶惶，陰謀論特別容易流行，加上身家蒸發，憤怒需要宣洩，那3名猶太人就順理成章地成了眾矢之的，受到的注意和譴責遠超過其他有份參與的非猶太人。幾年之後，帶頭指控德雷福斯的，也是同一份報紙。

羅富齊家族大賺之謎

以猶太人為主角的經濟陰謀論，當然不是二十世紀才開始的事。比《紀要》、巴拿馬運河醜聞再要早一百年，就有另一個猶太人巧取豪奪的傳說。

今時今日，這一分鐘地球上某處發生的大事，照片錄像下一分鐘就會在社交網絡上出現，資訊轉眼就在價格反映出來，要靠快人一步獲利，是千鈞一髮間的事。若果我們回到200年前，消息由一地轉到另一地隨時需時數天，早收風賺錢會否比較容易？

經濟學理論家森穆遜（Paul Samuelson）在2009年一篇回憶文章中講過一個有趣故事[1]。1815年滑鐵盧戰役之時，經濟學家李嘉圖（David Ricardo）派人到戰場視察，探子見拿破崙兵敗如山倒，立即快馬將消息傳到身在倫敦的李嘉圖。早收一日風的李嘉圖，知道法國戰敗英國國債會大升，於是他反其道而行，立即大手賣出英國國債，令其他經紀誤以為拿破崙戰勝，跟隨賣出，令價格大跌。李嘉圖見同行中計，立即偷偷轉賣為買，結果戰果傳到倫敦，同行損失慘重，李嘉圖則賺了大錢，提早退休著書立說。

這個故事，不只森穆遜講過，十年前我也曾在報章專欄撰文提到李嘉圖這個英雄事蹟。在為此書作資料搜集時，無意間看到一篇2020年完成的論文，才知道這個故事原來缺乏證據支持，而且跟羅富齊家族藉滑鐵盧戰役賺大錢的傳說甚為相似[2]。

最客觀的證據，是李嘉圖如此「炒低炒高」，那一兩天的債券價格定必大落再大上，只是根據倫敦債券市場的紀錄，那段時間債價並沒有顯著變化。滑鐵盧戰役後的確有上升，但沒有傳說中那樣誇張。債券價格更大的波動，反而出現於滑鐵盧戰役之前，例如國家之間聯盟的形成與解散、重要戰爭的勝敗，以及拿玻崙逃離厄爾巴島再度掌權等等。事過境遷，我們會視滑鐵盧戰役為拿玻崙戰爭的「最終章」，但在戰役分出勝負後的一天，當時的投資者仍然面對極大的不確定性(至少不知道拿玻崙會否再度跑掉重燃戰火)，債券價格反應有限亦很合理。

此外，根據市場交易數據和李嘉圖的書信，李嘉圖原來在滑鐵盧戰役完結之前就賣掉手上的大量債券，從中只賺到微利，若果他持有至戰役後，回報將會豐厚得多。李嘉圖「見好就收」的投資決定，跟其一向謹慎穩中求勝的性格甚為吻合。在拿玻崙戰爭期間，李嘉圖的其中一個收入來源，就是作為英國政府發債的

「承包商」，賺取穩定而可觀的佣金。李嘉圖的確富有，但為獨家消息豁身一博不是他的作風：滑鐵盧戰役如此重大事件，謠傳fake news當然一直源源不絕，故事中李嘉圖收到的消息不一定正確。再者，李嘉圖雖然富有，但他的業務一直是「小本經營」，只聘用一個助手，不似會派遣值得信賴的探子團隊，到戰地現場接收最新消息。

在1846年，有一份署名「撒旦」(Satan)的小冊子在歐洲廣泛流傳，內容似曾相識：在1815年6月戰役快將完結那天，猶太商人內森．羅富齊（Nathan Rothschild）是戰場上的旁觀者，夜幕降臨之時，他目睹法軍潰敗。於是他快馬趕到比利時海岸，他發現所有船隻因暴風雨而困在港口內。於是以重金說服一位漁夫，讓他乘風破浪前往英國，繼而賺了大錢。故事後來的另一版本，是羅富齊故意先令債價大跌，人棄我取之後而取得天文數字的回報。「撒旦」在小冊子中反問：「在貪婪面前有事情是不可能的嗎？」

猶太家族以狡猾手法貪得巨利，這份小冊子從此成為反猶主義和反資本主義的重要文獻，被翻譯成多國文字，馬克思的拍檔恩格斯讀後立即讚好。這個故事的不同版本，仍有主流歷史著作引述，當然也會在反猶圈子繪聲繪影地以陰謀論形式出現。至於為何故事跟李嘉圖的這樣相似，研究的推測是在滑鐵盧戰役後，有報章指一位神秘的「R先生」因早收風在市場賺得巨利。李嘉圖是R先生，羅富齊也是R先生，兩個故事就這樣相似地流傳下去了。

那羅富齊的故事又是真是假？跟李嘉圖這樣的「個體戶」不同，羅富齊以其家族的財力絕對可以聘請強大探子團隊通風報信。不過，根據交易紀錄，羅富齊並沒有在當時買賣債券，要等到戰役完結好幾個月後才有大動作。羅富齊家族在拿玻崙戰爭期間的確有賺大錢，但故事沒有那樣戲劇性，跟李嘉圖的方法一樣沉悶：英國政府在歐洲有大量軍隊，將資金（主要是黃金）運到當地出糧和補給相當困難，於是英國政府就付出巨額佣金，委託網絡四通八達的羅富齊家族作為中間人。

也就是說，李嘉圖和羅富齊都是靠和政府關係密切，成功「中標」而賺錢。只是劇情如此平淡的話，陰謀論就不太好講，難以突顯羅富齊家族的邪惡了。「撒旦」的小冊子廣受歡迎，是有其道理的。

從以上幾個有關猶太人的經濟陰謀論，我們可見仇恨的威力無窮。我們是好人，他們是敵人，我們為了主持正義，他們只會從中搗亂，這種敵我矛盾的表達手法，的確有類似電視劇代入角色的效果，令參與者格外投入，對陰謀論的信念更堅定。左翼的經濟陰謀論，多以對商人、有錢人、金融行業的仇恨為基礎，右翼的經濟陰謀論，則以新移民或回教徒為目標。香港的經濟陰謀論，頗大程度也是源自對內地人及文化的不信任以至憎恨。所謂黃藍之間的互數陰謀論，就更是怒火中燒的情緒發洩了。

「愛情、友誼、尊重，不及對某事的共同仇恨更令人團結。」俄國劇作家契訶夫（Anton Chekhov）在筆記本中寫下的這句話，實在是至理名言。經濟陰謀論，要有仇恨才有感染力。

附註

1. Samuelson, P. A. (2009). An enjoyable life puzzling over modern finance theory. Annu. Rev. Financ. Econ., 1(1), 19-35.

2. Parys, Wilfried. David Ricardo, the Stock Exchange, and the Battle of Waterloo: Samuelsonian legends lack historical evidence. University of Antwerp, Faculty of Business and Economics, 2020.

七．無所不能的幕後黑手

無論是荷里活電影還是Netflix串流電視劇，一個永遠有市場的題材，就是懸疑刺激驚天大陰謀系列。主角可以是打不死的特務組織成員（如拍之不盡的《職業特工隊》），可以是某學科的學者教授（如一度流行的《達文西密碼》），可以是聯邦調查局的調查員（如《X檔案》），但萬變不離其宗的，是故事背後有一個神秘人或團體，利用其無遠弗屆的資源和能力，實現其全球性的邪惡犯罪計劃。神秘奸角的厲害之處，在於其計劃布局天衣無縫，每一步都計算清楚順利執行，不會被發現，不會被揭破，直至主角出現……

劇本這樣寫，當然有其道理，因為「幕後黑手」的思維，根深蒂固（不過這種看似完美無瑕的計劃實際執行上有多困難，將會在第三部討論）。世事萬象，必可以找出其根源，不好的事，背後必有人在策劃。正如在第一部所說，我們都需要在混亂中尋找秩序，面對不能理解的現象，我們需要一個簡單的說法。

法國大革命就是一個例子。

法國大革命後的鬼影幢幢

歷史學家扎莫伊斯基(Adam Zamoyski)的歷史著作《恐怖魅影》(*Phantom Terror: The Threat of Revolution and the Repression of Liberty 1789-1848*),講的是1789年法國大革命後,纏繞歐洲統治者超過半世紀的夢魘[1]。

英法奧俄等國的統治者在法國大革命後,終日疑神疑鬼,誓要用盡所有辦法防止革命再發生。從秘密警察到言論審查,從間諜活動到濫用私刑,都出現各種荒誕無稽的情況。例如有個俄國將軍,指出被屈打成招出來的證據根本前後矛盾荒謬絕倫,但他善意的提點,竟被視為阻礙情報工作。負責執行酷刑的官員向這名將軍辯稱,只要小心觀察閱讀各種蛛絲馬跡,就能說服自己有革命大陰謀的存在,而且影響的不只俄國,更包括歐洲以至遙遠的埃及:

「羅馬切夫斯基(Lomachevsky)上校,維爾納(Vilna)省憲兵的頭領,在1840年短暫離開後回到了他的崗位,發現省長任命的一個委員會正在折磨一名學生。當他指出他們從學生那裏逼出的證據既荒唐又矛盾時,他們指摘他『搞砸』了他們的工作。主

審官對他說：『為了使自己確信陰謀的存在，你只需要觀察提爾斯（Thiers）和埃及帕夏（Egyptian Pasha）的活動，通讀在巴黎發行的《五月三日》期刊，以及《年輕的波蘭》小冊子，然後你就會清楚地看到，這個陰謀不僅困住了俄羅斯，而且還困住了整個歐洲，甚至連埃及也包括在內……』」

各種陰謀論的背後，都有一條主要故事骨幹，就是有一隻幕後黑手、就是有一個要推翻所有國家的大陰謀，法國大革命僅為單一事件。陰謀由神秘的 comité directeur（大意為「領導層」）在背後操控，更與共濟會、光明會、聖殿騎士團等關係密切。這個陰謀集團神通廣大，聽不到看不見，政權一直被蒙在鼓裏，但其實組織的成員早已廣泛滲透在各國各社會階層，隨時再策動革命推翻政權。

君主誠惶誠恐，警察國家嚴密的監察制度應運而生。制度背後的大腦，就是奧地利首任首相、著名保守派人物梅特涅（Metternich）。旨在保護傳統歐洲皇權的他，在十九世紀主政期間大規模壓制自由，除了反對任何民主化的改革、對出版物作嚴格審查，更派秘密警察監控人民。在他的帶領之下，高壓統治成了歐洲主流，國家權力大增。

打壓監控的首要對象，當然是「易受煽動」的年輕學生。上有政策，做情報工作的為了交貨，難免要無中生有捏造證據，在各種小事上生疑，製造大量冤假錯案。真正的犯人，倒頭來又可以利用這種恐慌情緒，為自己尋找脫罪的藉口，就如法國一個劫匪，被捕後就宣稱自己是革命成員，「創作」出一堆假情報作為談判籌碼：

「這也提供了一種轉移指控的方法，如1824年7月，安德烈．阿查德（André Achard）因為公路搶劫而被法國警察逮捕的情況，他試圖通過供認自己是由巴黎指揮的皮埃蒙特（Piedmontese）革命者所組成的陰謀的一部分來逃避罪責，該陰謀以l'Union Croisée的名稱運作，意思是將拿破崙的兒子放在王位上。他提供了涉及的官員的名字，但經查證後發現是假的，而他『供認』中唯一真實的，根本就是人人都知道的。」

書名《恐怖魅影》實在是一語相關：統治者心中對革命有恐怖的幻覺，人民的生活也因而陷入恐怖的嚴密監察之中。

歐洲的革命由1789年後的星星之火，打壓愈大反彈愈大，在1830年燒過一次，到1848年以更大規模爆發。兩次起義失敗收場，都沒有統治者幾十年來想像出來的規模，什麼神秘組織未見發揮威力，各種陰謀論也不攻自破。表面看來，這種神經兮兮的打壓的確有效，暫時保住了政權維持了社會穩定，但作者認為這種高壓政策有其惡果，如奧地利為監控制度浪費太多政府資源，經濟開始落後其他歐洲國家，俄國的打壓將一部分年輕人推向暴力極端，亦替後來蘇聯的高壓統治架構打好基礎，而德國蓄意壓抑民族主義思潮，又為二十世紀的反彈埋下了伏筆。這些歷史判斷大家未必同意，但作者的另一段總結我認為很有意思：

「也許最具破壞性的遺產是對政治和社會領域的一種完全虛構的看法，即作為特權者和無特權者之間的永久衝突；這是一個富人和有影響力的人駐守在他們的堡壘中，被一群暴力、無政府的窮人和被剝奪的人包圍，這些人由瘋狂的恐怖分子領導，他們決心攻陷那些堡壘並推翻社會秩序的範例。」

可見幕後黑手的思考方式，極具煽動力。畢竟看不到的東西永遠最恐怖。

8美元一打雞蛋的「幕後黑手」

「美國蛋價升逾倍，超市推限購」，疫情期間雞蛋價格曾經上升，這是在網上看到的一個新聞標題。

我一向無蛋不歡，並偏好比較貴的品牌，雪櫃長期至少有兩打備用。2022年底，雞蛋大幅加價，負責買餸煮飯洗碗的我當然有留意，只是未感受過「逾倍」升幅（以過去一年計），也未見有超市「限購」。經常買的一款特大啡蛋，2022年時約6美元一打，2023年一度升至8美元，加價三成有多，仍不難買到，似乎沒有傳媒所指的誇張。

分歧因何而起？翻查了一些數據，才知道一切源自「離地」。

話說2022年冬天美國爆發禽流感，雞隻死亡以百萬計，雞蛋產量因而大跌。不似生果，雞蛋生下來後可以存放約半年，「唯利是圖」的生產商，為求「賺到盡」，都會因應市價向市場提供存貨，造成穩定零售價的效果（雞蛋零售價比批發價穩定）。只是疫情破壞嚴重，存貨終抵受不住，雞蛋價格結果還是一飛沖天，迫使消費者「慳住用」，例如雙蛋變單蛋之類。當禽流感過去，雞蛋生產漸漸回復正常，存貨達到以往水平，結果雞蛋價格就在2023年初開始回落了。

「離地」也者，是我購買的是有機、走地之類的「高級蛋」，而這類雞隻由於居住環境甚佳，沒有地少雞多的問題，因禽流感而死的比率較低，這類雞蛋就沒有出現「逾倍」的奇觀了。有報道甚至指「高級蛋」的價格一度跟「平民蛋」並駕齊驅，出現了貧富同樂的現象。不知道這些報道是否可靠，只想指出「平民蛋」跟「高級蛋」兩個市場分隔的一個可能原因：美國的一些福利政策，指定福利金只可以用來購買某類日常用品，例如「平民蛋」。當生產「平民蛋」的雞隻因染疫而大幅減少，靠福利生活的家庭又不能貿然轉食「高級蛋」，「平民蛋」的價格自然就有「逾倍」升幅，追上「高級蛋」了。

以上只是簡單的供求分析，有看我專欄的忠實讀者相信都耳熟能詳。這種分析的一個特點，是無論供求那一方，皆是人多勢眾面目模糊，消費者和生產商既跟隨價格行動，其行動同時亦決定價格。價格急升，皆因禍從天降，令供應短暫受阻，而非某個人某個機構的陰謀詭計。

無奈的，是這種分析從來不受歡迎。更符合大眾口味的論述，是譴責雞蛋生產商「謀取暴利」，在非常時期向市民開刀，暗示政府應運用權力干預。例如克林頓年代的勞工部長賴克（Robert Reich），就在X直指雞蛋貴是「企業貪婪」（corporate greed）所致。賴克退任後仍積極評論經濟政策，他在X的追隨者人數約150萬，常被公眾誤以為是經濟學者。他批評的大概就是雞蛋供應商近來合作無間，協議同時大幅加價。這個解釋的最大問題，是雞蛋在2020年一度跌至歷史低點，按他的思維，到底是當時雞蛋供應商出現內鬥不和，還是他們忽然表現出高尚情操？無論如何，這位前高官的思路很一致，無論社會上出現任何現象，都會以偶發性的「企業貪婪」作解釋。

雞蛋幕後黑手論流行了一陣子，隨着禽流感疫情在2022年尾放緩，雞蛋價格於2023年初由高位下跌，2022年後半年的升幅，就在2023年上半年消失了。難道商人貪婪了好一段時間，心有戚戚然，於是忽然減價造福世人？

這個邏輯問題，其實是多此一問。因為當雞蛋價格下跌，消費者的生活回復正常，心中對此事已沒有怒火。市場觸覺敏銳的專家和政客，注意力已轉移到其他目標，批評另一家企業的老闆貪得無厭了。

經濟學角度，同樣假設供應商貪圖利潤，但亦指出貪念會受到制約。除了在同行競爭的威脅下不能為所欲為，供應商也要考慮消費者的需求，只能在受約束的情況下貪圖利潤。經濟學中的消費者也不是好人，只求滿足自己的喜好，有更好的選擇就會離棄原本光顧的供應商。

仇商仇富式的言論之所以流行，是有其道理的。大眾化的電視劇，忠角奸角要分得清楚，支持一方痛恨一方，這樣才看得投入。商人老闆都是奸的，消費者和打工仔都是忠的，人物設定就清晰了。在經濟學的世界，人人都「亦正亦邪」，劇情不易消化，自然就較難普及。

同一道理，可以應用到其他問題之上。例如國際貿易，你肯賣我肯買，本是比較優勢下的互惠互利，但重商主義之所以歷久不衰，關係在將貿易描述成零和遊戲式的敵我關係：順差就是勝利，逆差就是失敗，為政之道在於實行保護主義，力圖增加出口減少入口。

本來以為雞蛋價格回落以後，這個經濟陰謀論就告一段落，誰知道後來出現的另一個陰謀論規模更大：隨着通脹在

2022年升溫，美國民主黨中更偏左的政客，就提出了貪婪通脹(greedflation)之說，指通脹是因為企業「貪圖利潤」，「定價太高」剝削市民，政府需要出手打擊，向企業的利潤徵更重的稅。立場跟民主黨相近的大部分主流傳媒，亦紛紛和應，指這套理論有其道理。這套理論的問題，跟雞蛋商「忽然貪心」一樣，犯了說了等如沒說的問題：通脹的定義就是企業加價加得更快，經濟學者會試圖找出更基本的原因(例如貨幣政策)，而不是把矛頭直指現象本身。

不過，經濟陰謀論就是這樣有吸引力。民主黨的政客都是理性動物，一言一行都是為選票打算，之所以極力提倡貪婪通脹一說，當然是因為市場上有需求，可以滿足某些選民的仇商情緒。這個例子也說明了經濟陰謀論沒有立場左右之分，分別就只在故事內容不同而已。

順帶一提，自從歷史學者霍夫施塔特(Richard Hofstadter)於1964年發表「多疑風格」(The Paranoid Style)以來，大量文獻都主張共和黨人(或保守派)比民主黨人(或自由派)容易相信陰謀論。來到2023年一項實證研究，實際情況已非如此[2]。研究利用2012年至2021年20項以美國人為對象的調查，以及涵蓋六大洲的20個其他國家的調查，合共數萬個樣本，以找出陰謀論信仰和政治立場的關係。研究的做法很簡單，先收集受訪者對一連串的陰謀論評分(例如有多同意「索羅斯控制世界」、「特朗普扮中了新冠病毒」等)，然後再找出答案跟政治取向的關係。研究發現，相信陰謀論不分左右，分別只在於信的陰謀論內容不同。

研究中另一個更有意思的測試，是保持陰謀論內容不變，只更改故事中奸角所屬的黨派，以解碼左翼或右翼更有可能指控政治異己集團密謀。例如「民主黨精英與金融界合揑造事實」，就可以改成「共和黨精英與金融界合揑造事實」。研究發現不論左翼右翼，相信陰謀論的機會率相若，關鍵在於陰謀論要符合受訪者口味(例如民主黨人傾向相信共和黨人為奸角的陰謀論)。

幕後大鱷有多「惡」

另一種幕後黑手，就是香港人最熟悉的「金融大鱷」了。

不少的傳媒報道以及專家分析，都「大鱷」前「大鱷」後，可以詳細講出「大鱷」各種衝擊港元的投資策略，彷彿跟「大鱷」們是經常食飯見面的好朋友，但明明對沖基金之類的機構，其一舉一動根本不容易觀察。繪聲繪影的根據是從哪裏來的？

與其單靠幻想，不如看看學術研究。我找到兩篇有關亞洲金融風暴的論文，一篇是看大型對沖基金與馬來西亞滙率的關係，一篇看的是南韓股市有否被外地投資者衝擊[3]。

還記得馬來西亞令吉在1997年急插嗎？當時首相馬哈蒂爾更在《華爾街日報》(*The Wall Street Journal*)撰文，點名斥責索羅斯(George Soros)等以對沖基金透過衝擊滙率自肥。該篇研究對沖基金與馬來西亞滙率關係的論文，是分析11隻以投資外滙為主的大型對沖基金，當時總值290億美元，相當具代表性。研究發現，這些基金在令吉急插之時，不特止沒有「賣空」，反而由於持有不少令吉而蒙受損失。更搞笑的，是在馬哈蒂爾大鬧索羅斯之際，索羅斯管理的對沖基金其實表現麻麻，在令吉滙率危機期間大約只打個和。此外，研究也找不到這些大型對沖基金的投資策略對令吉滙價有明顯影響。

亞洲金融風暴，南韓也是主角。當地股市的特別之處，在於對外國投資者買賣的紀錄非常齊全，可以事後評估股市大跌是否直接跟這些「大鱷」有關。另一項研究就發現，外國投資者雖然有齊買齊賣的「合作」跡象，但就算在他們賣得最急瘋狂拋售股票之時，韓國股市也未見有明顯反應。

故事教訓，是金融市場巨大，個別股票可以針對（如渾水等沽空機構就經常為之），但要衝擊整個股市難度就大得多，至於規模比股票市場更龐大的外滙市場，衝擊難度就更高。個個都話係「大鱷」，你估「大鱷」咁易呼風喚雨咩？「大鱷」要成功，也要找對時機，碰上大量投資者陷入恐慌，才能順手牽羊從中取利，例如1992年索羅斯賭英鎊貶值。

也許「金融大鱷」從來都是市場神話，但為什麼這些神話會歷久不衰，講足二十幾年講到現在？一方面，抵抗外敵的政治宣傳相當有效，可以鼓舞國民士氣激發愛國情懷，又可以為「保衛國家」的官員臉上貼金。一方面，「大鱷」這隻幕後黑手的存在可幫助股民消化，就如電視劇一樣，忠角奸角分得清清楚楚，故事才可以講得動聽，陰謀論也可因而變得精采。沒有奸角沒有終極大佬的電視劇，多數人是看不懂的。

代罪羔羊的發洩作用

也許，我們都喜歡以「幕後黑手」的角度去理解世界。市場供求，造成了如價格急升的壞結果，沒有一個人需要負責，亦即沒有人可以譴責。憤怒怨恨無處宣洩，正義未能伸張，總是有點說不過去。把供應商或其他人物組織當成「幕後黑手」，視之為一切不幸的源頭，宣洩就有對象，可以群起攻之了。除了雞蛋，早前的油價上升，輿論亦有類似走向，連美國總統都誓神劈願向供應商「問責」。香港的類似例子，當然也多不勝數。這就是法國哲學家謝拉（René Girard）的「代罪羔羊機制」了。無論經濟學教育如何普及，無論大學多開幾多課「經濟學導論」，相信都敵不過這股揪出「幕後黑手」的熱情。

謝拉提出的模仿理論（mimetic theory）本來是個文學批評的進路，後來才擴展成一套解釋社會文化現象的宏大架構。模仿慾望（mimetic desire），指的是在基本生物需要以外，我們對不同事物的渴求，往往因別人而起。例如你本來沒有興趣買車，但看到暗地裏看不起的朋友成了車主，忽然就很想買同一款車（或故意買另一型號以示分別）。又例如你在家看愛隊比賽，極其量只會對着螢光幕叫罵幾聲，但在現場的話，見到身邊球迷個個歇斯底里，自己也忽然着了魔，對着球場嘶叫了。模仿慾望像彈珠般在人與人之間彈來彈去，在有限資源下，終會引起衝突，而人類文明之所以未有在互相廝殺中毀滅，是因為我們有各種紓壓機制，例如「代罪羔羊」：心愛的球隊輸了，陷入瘋狂的球迷在街上憤恨難平，見到敵隊一個面目可憎兼體型瘦弱的支持者，於是上前把那人圍毆至半死，模仿慾望的情緒就發洩掉了。

附註

1. Zamoyski, A. (2015). Phantom terror: Political paranoia and the creation of the modern state, 1789-1848. Hachette UK.

2. Enders, A., Farhart, C., Miller, J., Uscinski, J., Saunders, K., & Drochon, H. (2022). Are republicans and conservatives more likely to believe conspiracy theories?. Political Behavior, 1-24.

3. Brown, S. J., Goetzmann, W. N., & Park, J. M. (2000). Hedge funds and the Asian currency crisis. Journal of Portfolio Management, 26(4), 95. Choe, H., Kho, B. C., & Stulz, R. M. (1999). Do foreign investors destabilize stock markets? The Korean experience in 1997. Journal of Financial economics, 54(2), 227-264.

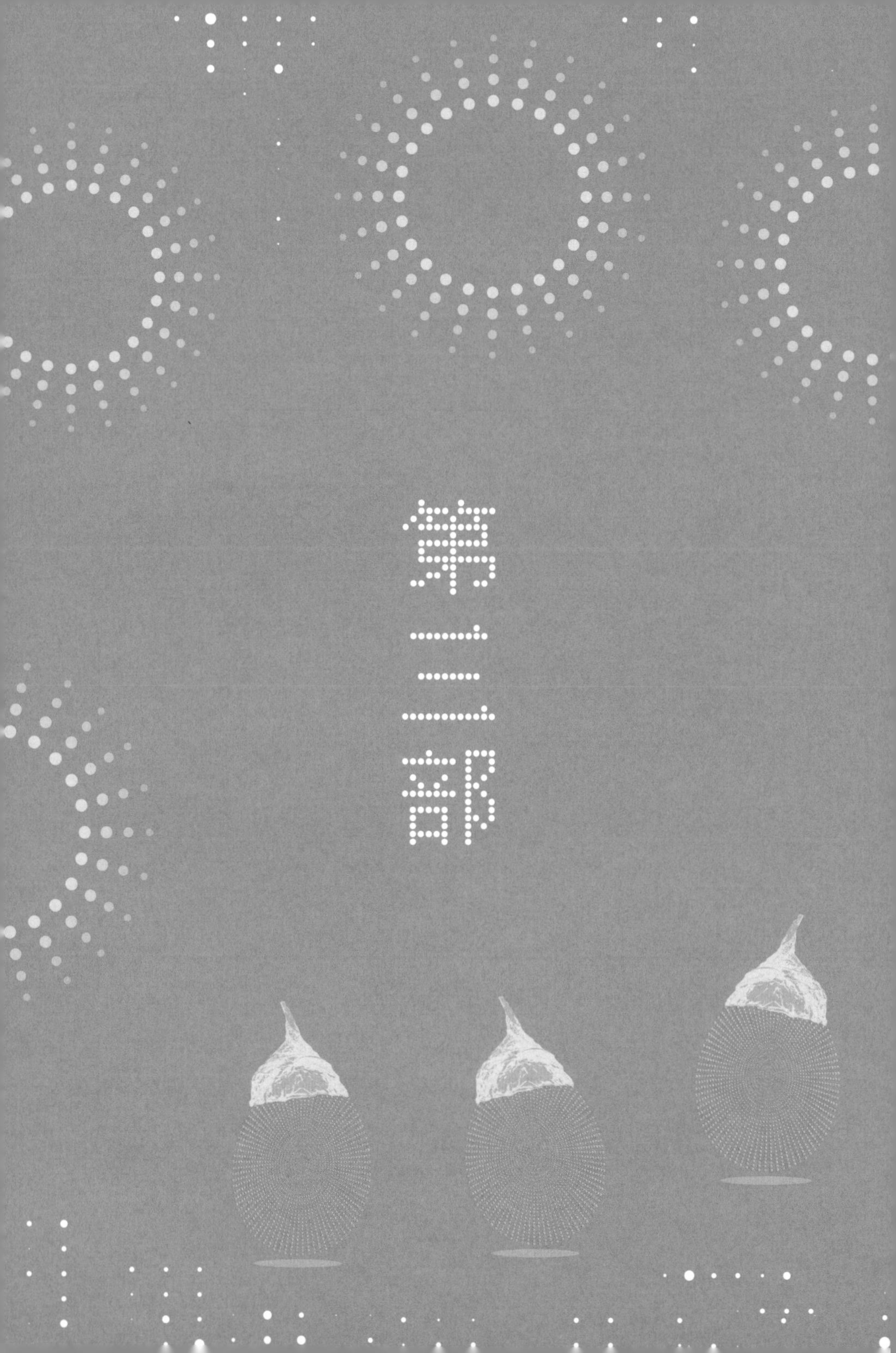

第三部

簡單理論，
識破經濟陰謀論

在「無形之手」的干擾之下，

「隱藏之手」不能隨心所欲，

既要面對市場上無數的投資者，

又受制於市場提供的選擇，

使出絕招到頭來又會傷及自己，

隨時事與願違。

八．科學與陰謀論的一線之差

陰謀論、經濟理論，兩者都是「論」，亦即英文的theory。理論，是對現象的一套解釋，是看世事的一個角度。同為理論，為什麼陰謀論就不能登大雅之堂，經濟理論卻可成為大學課程？

這個問題，涉及科學的本質，是科學哲學一個大問題。為了便於明白，且以大家都熟知的美國聯儲局為例。

金融歷史學者布朗（Peter Conti-Brown）在其2016年的著作 *The Power and Independence of the Federal Reserve* 中提到一件趣事：他在美國財政部作有關此書內容的演講，演講後有一名西裝筆挺的青年上前打招呼，大讚布朗演講精采，又聲稱自己是同道中人，也在研究聯儲局制度和歷史。然後這位青年就輕聲地求教：「你認為共濟會成員如何影響聯儲局調控經濟？」[1]

有關聯儲局的陰謀論，可以講個沒完沒了。只要瀏覽書店的財經專櫃，又或到美國的國家圖書館以HG25字頭開始的部分（根據美國國家圖書館的分類，HG是金融類書籍，之後的四位數字以25為首的，就是與銀行有關），總會見到幾本印刷不算精美，但標題和內容皆極具爆炸性的陰謀論著作。

傑基爾島的秘密會議

引發出最多陰謀論的，是聯儲局的起源。流行的劇本，是1907年美國出現金融危機，政府束手無策，要靠金融大亨摩根（J.P. Morgan）出手拯救，重建市場信心。經此一役，業界和政府官員都不想再靠少數人白武士式的援助。於是，銀行界高層以及同聲同氣的政客議員（既是陰謀論，羅富齊家族當然有份），就在1910年舉行了一個秘密會議，地點是喬治亞州海岸附近的傑基爾島（Jekyll Island）。經過一輪商討，聯儲局的概念就此誕生，到了1913年由總統威爾遜（Woodrow Wilson）簽署成聯邦儲備法案。從此而後，聯儲局就在美國以及全球掠奪大眾的財產，暗中為銀行利益集團服務。

布朗在書中提到，這個故事大致基於事實（1907年的確出現了金融危機、摩根的確有協助防止危機蔓延、傑基爾島的秘密會議亦真有其事），問題是劇本太過簡單，忽略了由1907年至1913年的政局變動。經過兩場總統選舉和三場兩院選舉，權力由與銀行界關係密切的共和黨轉移至民主黨，那場秘密會議設計出來的聯儲局，跟最後落實推行的制度根本是兩回事。

威爾遜為了擺平各方政治利益，搞出的是一個在中間落墨的聯儲局，既代表業界利益，又間接受到選民監察，既有中央集權成份，地區銀行又有一定自主權。

以學術著作來說，這本書算是受歡迎，但相比陰謀論著作，就是小巫見大巫了。例如陰謀論「大師」格里芬（G. Edward Griffin）在1994年出版的*The Creature from Jekyll Island*，寫的就是傑基爾島觸目驚心的故事，執筆時已是第五版，仍會在亞馬遜暢銷書榜上出現。

著名作者格雷德（William Greider）也在其1987年出版的*Secrets of the Temple*一書中提到，聯儲局自成立開始，就不斷有各類陰謀論著作出現，指聯儲局是由世界上邪惡力量交織成的秘密網絡，為「國際銀行家」、「光明會」、「錫安主義陰謀」等組織服務[2]。聯儲局的存在，僅是秘密集團統治世界的一個工具。他提到在上世紀七十年代的高通脹時期，這類陰謀論尤其流行。在這個非常時期上任的聯儲局主席伏爾加（Paul Volcker），在被正式委任時就有民間組織強烈反對，認為他跟雲集全球商賈及精英、被指為神秘俱樂部的畢德堡會議（Bilderberg Meeting）、大銀行以及美國外交關係協會等國際組織有密切關係，只差沒指控他是新世界秩序陰謀的成員而已。

另一本有名的陰謀論著作，跟格雷德那本名字甚為相似，名為*The Secrets of the Federal Reserve*，作者是馬林斯（Eustace Mullins）[3]。一如其他陰謀論者，他認為聯儲局自成立以來都是由銀行界操控，是個徹頭徹尾的私人組織，不惜一切推高通脹扯高利息，只為資產階級服務。

聯儲局陰謀論的著作，流傳甚廣極具影響力，不止是小眾興趣。上文提到布朗遇到的那個熱衷研究聯儲局「背景」的青年，在社會上絕非罕見的怪奇人物。例如在1994年，民間組織領袖沙巴茲（Malik Shabazz）就曾在美國一間頗有名的大學，跟在座數以百計的觀眾一問一答，氣氛熾熱：「誰在控制聯儲局？」、「猶太人！」、「誰？」、「猶太人！」

有關聯儲局的陰謀論為何如此流行？也許是聯儲局和貨幣政策實在太複雜，其運作太難理解，同時又對所有人的生活都有重大影響。你的加薪幅度有限，你收入的購買力降低，你借錢的利息上升，雖然你未必知道聯儲局如何透過貨幣政策造成這些影響，也不知道其影響到底有多大，但你至少知道聯儲局有影響這些事情的威力。對於不明白但破壞力十足的自然現象，我們會想出神話故事去試圖解釋。同樣道理，對於經常說一大堆外星語言的聯儲局，我們自然就會相信一些簡單得多的劇本。原來聯儲局就是一個被「有權有勢」的人操控的組織！為了爭奪資源，不惜犧牲大眾利益，他們講的什麼目標什麼政策都是騙人的廢話！這類陰謀論的好處，在於可以低成本地解釋一切，省卻了解複雜內容的工夫。

有關聯儲局的陰謀論，延續了超過一百年，可以講個沒完沒了。回到正題，所謂科學地分析聯儲局又是如何的，跟陰謀論又有什麼分別？

學術批判聯儲局非中立

學術批判聯儲局的例子太多，但為了跟陰謀論作比較，在此介紹一本在2013年出版、頗有影響力的學術著作[4]。此書名字為*Bankers, bureaucrats, and central bank politics: The myth of neutrality*，作者是西雅圖華盛頓大學的政治學者亞多夫（Christopher Adolph），他運用經濟學的理論和實證方法，以聯儲局和其他央行為例，旨在打破中央銀行都是中立的神話。

在那個「大數據」仍未流行的年代，亞多夫以人手搜集來自20個國家、橫跨半世紀，總共約600名貨幣政策的決策者，詳細分析每一個人的事業發展。研究發現，貨幣政策的選擇因人而異，尤其明顯的，是決策者雖然身處名義上獨立於一切利益的央行，但實際上的行為，卻是既受過去經驗影響，亦受將來的考慮制約。若果決策者在加入央行前曾在金融界工作，其政策選擇會偏向保守，亦即比較重視穩定通脹。若果決策者在央行任期完結後才加入金融界，在位期間的取向也大致一樣，亦即傳媒形容的「鷹派」。亞多夫的解釋，是在金融界工作有耳濡目染的效果，久而久之，價值觀亦會變得跟業界一樣保守（倒過來說，也可以是本來就保守的人，才會加入金融界）。此外，若果決策者正值盛年，離開央行後事業還可以再創高峰，那貨幣政策的選擇就要顧及「未來僱主」的需要，傾向保守了。

央行成員畢竟不是機械人，不會依照既定程式去作對大眾最好的決定。央行成員是凡人，要顧及前途，要為自己利益着想。不偏不倚只為大眾服務的央行，只存在於理論世界，實際上的央行根本難以中立。

央行決策者受金融界影響，這不就是之前陰謀論針對的內容嗎？兩者到底有什麼分別？

陰謀論與科學理論，功用同樣是解釋現象，只是陰謀論講的故事，既忠奸分明又有「幕後黑手」，情節比較引人入勝，科學理論則比較平淡。這個分別不重要。陰謀論與科學理論，同樣引用大量數字和其他資料，不只憑空想像，還會試圖用事實支持，但陰謀論引用數字比較毫無章法，不會有系統地作統計分析。但這個分別也不重要。

印證與否定是判別關鍵

最重要的分別，是陰謀論或不能被印證（confirmed），或不能被否定（falsified）。

印證的意思，是理論的預測有事實支持。根據剛才亞多夫的研究理論，央行官員有金融背景，或央行官員離職後到金融界發展，其政策取態會跟其他官員不同。這個結論，可以跟數據比較，看方向是否一致，吻合的話，就是印證了。

至於經濟陰謀論，則可走兩個極端。有些理論的預測，例如「港元快將崩潰」論，沒有說明大約發生時間，只是有心人滔滔不絕的表面見解，說得觸目驚心，期待的是「壞了的鐘一日也會準兩次」，期望終有天港元真的出了問題，那時候就可以耀武揚威了。

更常見的模式，是永遠錯不了的陰謀論，亦即無時無刻都有事實印證。若果你相信猶太人在操控聯儲局，你總可以源源不絕地找到蛛絲馬跡：聯儲局官員中總有猶太裔，就算不是猶太裔，其親人也有猶太裔，其過去或將來的僱主也可以是猶太裔。就算有個完全跟猶太無關的成員，也可以將其存在解釋成欲蓋彌彰的手段。聯儲局加息，是為了銀行界的利益，聯儲局減息，則是為了撐起資產價格，也是為有錢人着想。

再以港元滙率為例。當港元轉弱，陰謀論者自然會預告世界末日。當港元持續偏強，與末日氣氛相映成趣，屢次觸及強方保證，要金管局入市賣出港元。陰謀論者的說法，就是港元強勢其實是弱勢先兆，因為一眾「大鱷」已蠢蠢欲動，借入大量港元，滙率因此被扯高，實情是他們蓄勢待發，等待時機衝擊港元。另一解釋，是強港元只是金管局和內地強行托市的結果，根本維持不了。於是，無論港元是強是弱，陰謀論也可以講得頭頭是道，理論永遠不會被推翻。就算港元遲遲未有異樣，陰謀論者也可辯解為只是時辰未到，港元還是「隨時」會倒下來。

永遠錯不了，亦即理論不能被否定。寫到這裏，不得不提哲學家波柏爾（Karl Popper）。

波柏爾擔心的，是專家以至大眾把科學和非科學（或偽科學）混為一談。科學用處無窮，威力也無窮，非科學則多如牛毛，一直在騙人騙財。有分清兩者不同的能力，可說是公民的基本素養，對維持社會繁榮穩定極為重要。波柏爾將這個稱為「分界問題」（demarcation problem），而他提出的界線，就是能被否定或證偽。他提出的兩個不能被否定或證偽的例子，都是上世紀極流行的思潮：馬克思主義的歷史觀，以階級經濟鬥爭解釋世界發展趨勢，預言資本主義的市場經濟逃不過自我摧毀的命運，生產資源將會由人民共同擁有，而愈發達的國家，這情況會出現得愈早。但到了二十世紀，資本主義還是好端端的存在，預測落空，馬克思主義者則以反革命者從中作梗為解釋。另一個例子，是佛洛依德的心理分析，以被抑壓的慾望解釋人類行為。一個人把小孩推到水中，另一個人把小孩從水中救起，精神分析可解釋前者為受到「本我」慾望被壓抑的成分所驅動，再解釋後者是「自我」

和「超我」成功昇華同一種慾望的結果。無論現實中發生什麼事，無論你作出何種行為，總可以圓滿地用一套理論去解釋，永不落空。

科學發展以否定窺見真理

根據波柏爾的理論，科學發展不是靠印證理論為對，而是靠否定排除一些理論，久而久之，我們就可以窺見到真理了。波柏爾在哲學界不再流行，但對經濟學研究方法的影響猶在。「科學命題若對現實有所陳述，則必可被推翻；若其不可被推翻，則其對現實無所陳述」（In so far as a scientific statement speaks about reality, it must be falsifiable: and in so far as it is not falsifiable, it does not speak about reality），波柏爾改寫愛因斯坦的名句，講的其實是一個很簡單的道理，跟「阿媽係女人」的性質有點相像。張五常教授在《經濟解釋》中講得更淺白：「不可能被事實推翻的理論之所以沒有解釋能力，是因為這樣的理論不可以被事實驗證。套套邏輯（tautology）不可能錯。既然不可能錯，怎可以被事實推翻呢？一個可能被事實推翻的理論，一定要可以在想像中是錯的。套套邏輯不可能錯，連在想像中是錯也不可能，所以沒有解釋力。」

研究院時代有位同學，凡事都以經濟學中的功用極大化去解釋，某某這樣做是因為功用極大化，某某不這樣做也是因為功用極大化，總之無論出現什麼現象都可以自圓其說。我跟同學說，你這個講法其實是講了等如沒有講，對了解現象其實沒有幫助，基本上只是將事實用術語包裝重複一次而已。

這套科學哲學，雖然仍出現於經濟學課堂上，但這跟經濟學（以至自然科學）的實際運作完全是兩回事。再以剛才提到的聯儲局研究為例，若果將來的數據變得不同了，跟理論的推斷有出入，根據波柏爾式的研究方法，我們是把理論推翻了，已證明其為錯，可以轉移目標，建立另一個理論了。現實中的做法，是試圖把理論修改，又或檢查數據是否有問題（例如數據是否源於罕見的現象）。當理論一錯再錯，改無可改，研究方向明顯是一條死路，那時才會被放棄。不過，當理論可以不斷地被改下去，那又會變成不能被否定的偽科學。

且以經濟學者、現任芝加哥聯儲銀行總裁古爾斯比（Austan D. Goolsbee）一個頗特別的演講為例。演講題為The 2023 Economy: Not Your Grandpa's Monetary Policy Moment。特別的除了標題，還在於其內容比一般聯儲局官員的演講「坦白」，甚少遊花園講廢話，坦然接受宏觀模型可以錯得離譜。

古爾斯比在演講中提到，若果把過去半世紀多的歷史數據，放進一個基本宏觀模型之中，就可以算出在不同加息情況下，經濟會有何反應。模型分析GDP、就業、通脹三者在加息前的關係，再把聯儲局現實中的加息路徑放進模型中，以歷史經驗估算加息的效果。

這個簡單模型得出的答案，是GDP要到2023年才會減速，隨後再出現頗為嚴重的衰退。就業人口的變化相似，同樣是緩慢地變差。至於通脹，則會繼續上升一段時間，到2024年衰退出現後才有下跌趨勢。這無疑是「硬着陸」的情景了。

回望2023年尾，已知美國經濟的實際情況跟模型的預測相距甚遠，並沒有那樣恐怖：GDP增長很快就減慢；就業人口則反其道而行，一邊加息一邊上升；通脹就不用等到2024年就已出現跌勢。

假如我們是聯儲局的決策者，時光倒流回到2022年初，想知道在未來一年多大幅加息5厘的效果，這個宏觀模型提供的答案會相當驚嚇。這不是模型出了問題，而是由上世紀六十年代至今，加息速度之快及幅度從未出現，模型只能根據其他加息的經驗，作出數據範圍以外的推斷（extrapolation）。由於過去的加息經驗大多痛苦兼緩慢，於是模型就對加息5厘作出悲觀解讀了。

這就是古爾斯比演講的主題：過去貨幣政策的經驗，今天已不再適用。他提出兩個解釋：一為新冠疫情對經濟的衝擊頗為特別，主要是供應鏈受影響下的供應減少；一為大眾的通脹預期比過去穩固，沒有上世紀的大上大落。當然，這都是事後才能得出的總結，加息期間聯儲局只是在「摸着石頭過河」，求神拜佛歷史不要重演而已。

每遇重大事件修改模型再解釋

答案錯得離譜，是否代表放棄模型？經濟學非實驗科學，尤其是宏觀經濟學，由於變數太多，而且要輔以大量假設，因此不容易（還是不可能？）被決定性地推翻。就如剛才所說，常見做法是每遇上重大事件，就會因應事件性質，修補現有模型。

且以芝加哥聯儲銀行為例，一如其他地區央行，他們一直管理一個相當複雜的宏觀經濟學模型（比剛才提到那個模型要複雜得多)。這個要寫下數十條方程式才能搞清楚的模型，可以用來作預測，也可以用來估算不同政策的效果。經過一場疫症，這個模型也要作修改，事緣疫症期間的經濟波動太誇張，非模型可以解釋，於是就要加入一個特別為疫症時期而設的變數，以描述當時大眾對經濟前景茫然無知的恐慌，把當時經濟的驚濤駭浪「解釋」掉了。

汲取了教訓，修改完模型，下次再遇上類似的通脹急升，聯儲局再調節貨幣政策應付，模型的預測會否變得很可靠？我不太樂觀，因為下次通脹總會跟今次有些明顯不同，若果發生在數十年後，那時的經濟形勢(例如貿易、科技)跟今天也不容易比較。

宏觀經濟學是一門時間太短的學科。時間，指的不是這門學科的歷史，而是可以用來驗證理論的數據。

過去半個多世紀，聽起來好像是一段很長的時間，但期間只出現過9次衰退，其中包括2020年的疫症、2008年的金融危機、七十年代的石油危機，以及其他各式各樣的大小風暴。在六十年代以前，美國經濟當然也經歷過不少風浪，只是宏觀數據相當缺乏，回到上世紀初甚至十九世紀，資料就更殘缺不全，難以用來驗證宏觀模型了。時間太短，宏觀模型因此一直要修改，難逃「將軍總是在打上一場戰爭」(generals always fight the last war)的命運，只希望下次面對巨變時錯少一點而已。

由此可見，科學與非科學的界線，並沒有波柏爾認為的那樣清楚，但這並不代表界線不存在，只是各種科學的情況不同，有些可以準確控制各個條件地做實驗，檢證比較斬釘截鐵(如生物、化學)，有些則只可以大概地模仿自然科學的實驗，甚至只能從歷史數據中找答案，檢證就沒有那麼決定性，理論可以一再修改了(如經濟學、心理學)。

至於經濟陰謀論，則根本沒有實驗可以做，也不能被歷史事實推翻。當背後有不可告人的陰謀，當背後有無所不能的「奸角」，任何事情都可以自圓其說，相反的現象也可得出同一結論。

附註

1. Conti-Brown, P. (2016). The power and independence of the Federal Reserve. Princeton University Press.
2. Greider, W. (1989). Secrets of the temple: How the Federal Reserve runs the country. Simon and Schuster.
3. Mullins, E. (2018). The Secrets of the Federal Reserve--The London Connection. Lulu. com.
4. Adolph, C. (2013). Bankers, bureaucrats, and central bank politics: The myth of neutrality. Cambridge University Press.

九．「陰謀」不是免費午餐

在2016年3月，轟動美國的Bollea v. Gawker官司終於完結。

官司前後糾纏了3年，證據資料數千頁，涉及法律費用以百萬美元計，主角分別是以Hulk Hogan為藝名的摔角手玻里（Terry Bollea），以及為求點擊率近乎無視新聞操守的網媒Gawker。事源Hogan跟朋友的妻子搭上，床上激戰過程懷疑被朋友偷錄下來，影片輾轉落到Gawker編輯手中，被剪成精華片段在網上公開，Hogan要求刪除影片不果，於是告上法庭。

被控告經驗豐富的Gawker不當一回事，皆因大多數有類似遭遇的名人巨星，都不願意為官司付出大量時間和高昂費用，最終都會選擇向Gawker屈服，尋求和解。出乎意料的，是Hogan不惜大灑金錢，誓要在法律程序上勇往直前。結果，沒有上庭作供經驗的Gawker高層不斷犯錯，最後被判罰過億美元的賠償，令這間令人聞風喪膽的網媒一鋪清袋。

官司本身沒有什麼特別，特別之處在其背後的策劃操作。

根據流行作家霍利德（Ryan Holiday）於《陰謀》（*Conspiracy*）一書中的精采記述，原來這宗官司源於2007的一件小事[1]。當時Gawker旗下的一個網站，刊登了一篇題為'Peter Thiel is totally gay, people.'的簡短貼文，直指PayPal共同創辦人之一、企業家泰爾是同性戀。這篇短文之所以是小事，一來因為特立獨行的泰爾當時尚未成為風頭人物，短文引起的關注近乎零；二來泰爾的性傾向當時並非秘密，雖然知道的只限親友和同行。

不過在泰爾眼中，這短文當然不是小事。

除了不滿私隱被侵犯，他亦認為Gawker這個無視別人感受、只求嘩眾取寵的網媒是一個需要「解決」的社會問題。為此泰爾重金聘用法律專才，定期開會商討法律策略，幫助被Gawker影響的受害者，從法律上尋求公道。他們的目標只有一個，就是令Gawker從世上消失，但為避免打草驚蛇，讓Gawker有機會向泰爾反擊，泰爾金主身份需要保密。Hogan能夠大獲全勝，也是因為有泰爾的支持。

這個由小事引發的大陰謀，由策劃到成功花了近十年，期間Gawker為Hogan的堅持到底大惑不解，雖曾懷疑他有人出錢支持，但直至官司完結前也不知道泰爾就是幕後推手，一直遙距操縱着這場置Gawker於死地的法律戰爭。

像這宗官司的陰謀，多不勝數，一直不為人知的相信更多。就算不是泰爾這類名人，我們在職場上多少也見識過類似精心策劃的詭計，甚至曾經以不同身份參與其中。

世上陰謀既然無處不在，難怪憑蛛絲馬跡而大造文章的經濟陰謀論無處不在。回想近年一些流行的經濟陰謀論，故事說得天花亂墜，牽涉的利益動輒是天文數字，觸及的國家級權力足以改變世界，規模是泰爾世紀官司的很多很多倍。事情如果真的如此重要，其計劃之複雜巧妙定必遠超一般想像，保密守秘的機制亦肯定嚴格無比。如此巧奪天工的精采操作，又豈是普通網民以至言論領袖可以輕鬆地三言兩語道破？

這是拆解經濟陰謀論的另一關鍵：愈離奇的故事，愈複雜的鋪排，其執行成本就愈高昂，成事的機會愈低。

泰爾的陰謀之所以成功，是牽涉其中的人不多。人多好辦事，但對策劃陰謀來說，人多則容易壞事。

人愈多愈難玩的協調遊戲

且以一個簡單的博奕論例子作解釋[2]。遊戲只有你和我兩個人，我們各自從1至4選擇一個數字，你作選擇時不知道我選擇了什麼，反之亦然，只有在我們都選擇了以後，兩個數字才同時揭曉。兩個數字，決定了我們的獎金，計法如下。

我的獎金＝兩個數字中較小的一個 ×2- 我選擇的數字

你的獎金＝兩個數字中較小的一個 ×2- 你選擇的數字

若果兩個數字一樣，就直接用那個數字乘以2。

比如說我選擇2你選擇3，兩個數字中較小的是2，於是我的獎金是2×2-2=2，你的獎金是2×2-3=1，亦即選擇較大數字的你相對蝕底。

不過，對我們來說最好的選擇，是我們一同選擇最大的數字4。我的獎金是4×2-4=4，你的獎金也一樣，是遊戲中可以拿到最高的金額。

這個遊戲，講求的是協調，我們選擇最大的數字結果最好，但若果只有我選擇，你選擇的卻是較小的數字，那我的獎金就會比你低。所以為了自保，我們都有選擇較小數字的衝動。

這個遊戲，跟策劃陰謀有點相似。陰謀要成事，就要參與者協調，各自做好負責的工作。無論事前的策劃如何完美，只要執行時有人稍一不慎，又或走漏了風聲，整個陰謀的效果就會打折扣，甚至全盤失敗。泰爾擊倒Gawker之所以成功，靠的就是由始至終身份保密，若果期間身份被拆穿，Gawker自然會攻擊這個秘密出錢的富商，輿論大逆轉，官司的結果相信會不一樣。

這個簡單的遊戲，不時被用來作經濟實驗，參與者可以賺取真金白銀。實驗一個相當可靠、多次被印證的結果，是當遊戲參與的人愈多(例如有三個人，計算獎金就用三個數字最小的那一個)，平均派出的獎金愈低，反映的是人多協調變得困難，參與者紛紛自求多福，傾向選擇較小的數字。

幾多人可守住十年的秘密

除了博奕論，以上觀點，還可以用簡單的數學模型計算出來。在2016年，科普作家古倫姆斯（David Robert Grimes）就發表了一篇別開生面的研究，題為《陰謀信念的可行性》（*On the Viability of Conspiratorial Beliefs*），認真計算要把陰謀保密，牽涉人數和維持時間的關係[3]。最極端的例子，是一個只有我知道的陰謀，陰謀就是我在網上有另一身份，每日都以惡意留言滋擾陌生人為樂。只要我做好安全措施，只要我不至於太出眾而被起底，這個陰謀可以一直保密，到了有日我死掉了，這陰謀便會消失於世上，永遠不會被揭破。另一極端，是全球衞生組織聯同各大藥廠，隱瞞癌症其實已有根治方法的真相，牽涉的人數最少有70萬人，只要任何一人有意無意透露消息，陰謀就會被揭破，這個大型陰謀因此相當脆弱，難以持久。

古倫姆斯數學模型的依據，是3件真有其事、後來被揭發的陰謀。一為美國國家安全局的稜鏡監控計劃，秘密維持了約6年，牽涉人數最多3萬人，在2013年被斯諾登（Edward Snowden）揭破；另一件是塔斯基吉梅毒試驗（Tuskegee Syphilis Study），自四十年代梅毒可療法以後，有病不醫的試驗成了不能被外界知道的惡行，由二戰前到七十年代，保密了約25年，牽涉人數最多約6000多人；最後一件是因為聯邦調查局的科學鑑證和相關專家的不可靠，從而製造了不少冤假錯案，醜聞成功被掩蓋了約6年，牽涉最多500人。

從這三個事例，古倫姆斯算出數學模型所需要的參數（例如每個牽涉的人每年泄密的機會），繼而應用在一些著名的陰謀論之上。例如剛才提過隱瞞癌症療法的說法，由於牽涉人數太多，根據數學模型，極其量只能保密約3年。倒過來說，若果這個陰謀論講了幾十年還是停留在理論水平，那就證明陰謀論幾可肯定是子虛烏有。

且以香港庫房被掏空的為例。自2019年開始，就有傳聞指內地向香港政府借用了4000億美元外滙儲備，一直仍未歸還，甚至直指香港儲備其實是空空如也，金融體系一擊即破。為了這個傳聞，金管局不只一次發文澄清，只可惜文字官腔兼深奧，毫無為大眾解惑的效果，甚至被指愈描愈黑。

與其愈講愈亂，我們只需問一個簡單的問題：要實行這個有借冇還的大計，涉及款項以千億計，當中涉及的人包括金管局員工、會計師核數師等數以百計，多年以來大家都保守秘密，從來沒有人向外界洩漏消息或相關文件，亦沒有人走漏風聲，這個機會有多高？難度更高的，是若果香港儲備早在2019年已經消失了大部分，為什麼全世界沒有一位記者或一間傳媒揭發此事，只有一眾網紅有獨家消息，掌握其中的來龍去脈？難道整個金融市場都糊裏糊塗，讓聯滙制度維持到今天？

無奈地，這個有借冇還的經濟陰謀論，2019年後一直流行，而且提出的數字愈來愈大，相信的人卻沒有減少，興高采烈地繪聲繪影的網紅只有更多。

其中關鍵，在於經濟陰謀論將「可能性」與「機會率」混為一談。

別把可能性與機會率混淆

香港庫房擺下「空城計」，當然是有可能的事，正如我們在市場見到的價格，都可能是商人勾結合謀的結果，又正如全球的經濟運作，也可能是什麼猶太秘密組織在背後操控。

中文「可能」一字，跟英文的possible（名詞為possibility）一字一樣，經常都會成為我們思考的盲點。

經濟陰謀論的本質，就是把所有可能性一視同仁，有意無意地將可能發生的事，說成發生機會率很高的事。而「機會率」的英文是probable（名詞為probability），至少跟possible是明顯兩個串法不同的字，比較容易分辨。中文則比較含糊，「可能」跟「很可能」好像差不多，說成「發生機會率很高」又太累贅。

有時看財經新聞，見末日專家博士宣稱「樓市可能在短期大跌」、「港元或會在可見將來陷入危機」，一般讀者的直接反應，自然是相信大難將至，擔心身家受損（又或期待別人傾家蕩產，充滿快感）。只是細心一想，專家的說話其實沒什麼內涵，因為我們不知道機會率是高是低。

「可能」出現的大跌，機會率是等如「今年夏天香港會掛八號風球」，還是「今年夏天隕石會摧毀香港」？兩個事件都有可能發生，只是前者的機會極高，後者的機會率近乎零。樓市專家語焉不詳，是為自己留下台階，沒有跌只是香港樓市幸運爆了冷，真的跌了自己就可以耀武揚威了。

經濟陰謀論的性質一樣。美國政府有沒有可能在經濟數據上做手腳？香港的庫房有沒有可能空空如也？雞蛋商有沒有可能間歇性表現貪婪？當然邏輯上都有可能，問題是機會率有多高而已。陰謀論製造者的慣用伎倆，是在繪聲繪影講述獨家消息，活靈活現描寫山崩地裂之時，盡量不提事情的有多可信、預測有多可靠，總之要為之恐懼憂慮就是了。

聆聽經濟陰謀論時，我們或會如痴如醉，把可能性和機會率的分別抛諸腦後，但我們不要忘記，我們日常生活中無時無刻都知道兩者的分別。你見馬路上沒有車，附近也不似有交通警察，於是違反交通規則橫過馬路。那一刻你不會以陰謀論方式思考，擔心在遠方會有車以極高速突然出現，又或交通警察其實是埋伏在隱蔽之處。你知道這些情況都有可能發生，只是機會率實在太低，值得一博過馬路節省一點時間。當你身處車來車往的彌敦道，當你面前就有一名交通警察，面對不同的機會率，你的行為自然會改變，不敢亂過馬路了。

搞不清楚可能性和機會率，理財投資難免會有所損失。某些情緒問題、精神困擾，也可以看成可能性和機會率的混淆。身邊的人都在設法陷害你，走在街上高空擲物會落到你頭上，身體不適好像患了所有奇難雜症，思想這樣走進了死胡同，將所有可能發生的壞事都當成即將出現，自然就坐立不安，甚至想放棄人生了。真心相信經濟陰謀論的，同樣會將所有可能出現的災難同等對待，今天怕港元變成廢紙，明天也怕美元變成廢紙，後天又怕全球經濟都難逃一劫，終日誠惶誠恐，甚至用真金白銀作資產調配，這樣做人也相當痛苦。投資考慮分散風險是合理做法，但不論風險是高是低也盲目規避就是自招損失了。

附註

1. Holiday, R. (2018). Conspiracy: Peter Thiel, Hulk Hogan, Gawker, and the Anatomy of Intrigue. Penguin.

2. Fryer Jr, R. G., Harms, P., & Jackson, M. O. (2019). Updating beliefs when evidence is open to interpretation: Implications for bias and polarization. Journal of the European Economic Association, 17(5), 1470-1501.

3. Grimes, D. R. (2016). On the viability of conspiratorial beliefs. PloS one, 11(1), e0147905.

十．沒人獨力操控的社會現象

眾所周知，每當有颱風吹襲，街市蔬菜例必上升。市民一般反應，是菜檔開天索價，有謀取暴利之嫌。同樣道理，八號風球時茶餐廳加價，亦會被指沒有人情味，趁火打劫。理解現象，多數人的直覺，都是從個人出發：就是因為菜檔和茶餐廳的老闆貪得無厭，才會在風雨交加時加價！

經濟學之難，在其違背了這種直覺。商人又好，消費者又好，都有貪婪的本性，但自由市場不是少數人控制一切的事。颱風或影響收成，或阻礙交通，蔬菜的供應減少，菜檔以平日價錢出售，轉眼就會賣光。市價之所以會上調，是因為消費者各有偏好，有些價錢再貴也要食菜（又或餐廳要營業無菜不可），有些價錢稍為增加就寧願少食一日，較高的市價，可以將減了產的蔬菜，分配給對蔬菜需求較大的消費者，同時令需求較低的消費者減少使用甚至知難而退。

同理，當颱風影響交通，為途人構成生命威脅，茶餐廳老闆為了鼓勵員工「加班」，自然要增加當天工資，同時又盡量將成本轉嫁到消費者身上。當午餐市價在打風當日貴了幾成，每日總要光顧茶餐廳的消費者願意支付，無可無不可的消費者就在家中煮食算了。

消費者買菜買外賣，為的是滿足生理以至心理需要，意圖之外的，是影響了市價一點點。老闆入貨請人出售產品，為的是賺取利潤，意圖之外的，也是影響了市價一點點。雙方都無意為之，各自為政地決定了市價。市價這個現象，不是少數人在背後策劃的陰謀，而是所有人都有份造成的結果。

哲學家波柏爾在其《猜想與反駁》（*Conjectures and Refutations*）一書中，有短短只有幾頁紙的一節，題為「社會陰謀論」（The Conspiracy Theory of Society），講的正是這個道理[1]。社會陰謀論，指的是關於社會現象的陰謀論（經濟陰謀論算是其中一種），是個歷史悠久的思考方式。他提到希臘神話，人世間發生的各種事情，不論天災人禍，都可以歸咎於諸神，不是這個神暴跳如雷，就是那個神因愛成恨。

當宗教衰落，這些背後操縱一切的角色，就由各無所不能的神秘組織或人物取代，繼續為所有社會現象提供一個簡單圓滿的解釋。陰謀論者也相信，所有組織無論由幾多人領導，都只有一個意志，像個人一般作決定；陰謀論者也相信，所有制度都是根據某些人的計劃建構出來。

波柏爾的觀察，到今天依然適用。

我們的日常用語，不時就出現這種把組織當成個體的思維：「香港政府」打算如何推行政策、「美國」誓要成為全球科技霸主、「香港人」的想法又是什麼什麼。這種說法固然簡便，但語言潛移默化，多使用就會將其中的訊息信以為真。「香港政府」不是一個人，就算有個強勢特首勵精圖治，其他高級官員都可以有不同打算，麾下官僚也不一定會完全合作；「美國」不是一個人，總統不能為所欲為，政黨又至少有兩個，各政府部門亦各有打算；「香港人」也不是倒模出來一式一樣的產品，口味性格政見各不同，根本不能有完全一致的共識。

這種思維，可說是經濟陰謀論的基本元素。例如美國政府捏造經濟數據的陰謀論（見第二部），就把從美國總統到內閣勞工部長，從勞工統計局管理層到其下負責處理數據的員工，所有人都通力合作，炮製出一些有利選舉的數字。有關香港聯滙的陰謀論，同樣是把「金管局」看成一個像日本動畫的合體機械人，局內數以百計的員工行動一致，跟同樣團結但定義模糊的「內地」裏通外合。《錫安長老會紀要》形容的陰謀，也是假設為數龐大的猶太人腦袋只有一個。

無形之手與隱藏之手

哲學家諾齊克(Robert Nozick)在《無政府、國家與烏托邦》(*Anarchy, State, and Utopia*)一書中，稱這些陰謀論為「隱藏之手」(hidden-hand)的解釋[2]。當然我們見到一些現象，可以是好的(例如某地區街道較安全)，也可以是壞的(例如在第二部提到的雞蛋價格上升)，「隱藏之手」的意思，是現象都是某些人有意圖地計劃出來的。地區安全，是因為有人計劃周詳，安排交通警經常巡邏，又或罰款夠高有阻嚇作用等；雞蛋價升，是因為有供應商起了貪念，趁着合適的時機，刻意抬高價格賺取更多利潤。

「隱藏之手」，是我們面對現實世界時一個非常直接的反應，就如在未有科學的時代，當我們面對不能理解的自然現象，首先會假設背後有一個或多個超自然的決策者(例如希臘諸神)。其直接之處，在於我們只是在想解釋的現象之上，添加令現象出現的個人或團體。這種解釋，其實相當「低層次」，因為要解釋的現象和提出的解釋，基本上就是同一東西，近乎是沒有內容的套套邏輯。把「隱藏之手」的解釋推到極點，就是陰謀論了：所有現象都是某些壞人在背後策劃並成功實踐的結果。

與「隱藏之手」相映成趣的，諾齊克借用亞當史密的比喻，稱之為「無形之手」(invisible-hand)的解釋：各人只為自己打算，沒有意圖令某些結果出現，但透過某些機制(例如市場競爭)，結果就在沒有人計劃之下，莫名其妙地出現了。波蘭尼(Michael Polanyi)和海耶克提出的自發秩序(spontaneous order)，指的是同一個理解現象的方法：沒有人規劃，沒有人調控，人人各自為政，某種規律、制度、習俗就自發自然地出現。倒過來說，若果有人想某些結果出現，就算那人有財有勢，就算那人運氣夠好，他也要面對市場或其他制衡，不能隨心所欲，甚至事與願違。

從科學哲學的角度看，諾齊克認為「無形之手」的解釋較「高層次」，因為提出的解釋不在現象之中，就如中文諺語「意料之外，情理之中」，當我們理解其中的玄機，對現象的理解就更為深刻。不過，由於解釋較「高層次」，跟人類的本能反應相距較遠，是以「無形之手」的解釋一般都不易普及，不似「隱藏之手」直擊感情要害：交通安全當然是因為好的官員管理有道，貨品加價當然是因為奸商貪得無厭了！

要抗衡經濟陰謀論，就要掌握「無形之手」的解釋方法。

沒有人計劃的社會效果

回說剛才提到的兩個例子吧。為什麼某些地方會較安全？珍雅各（Jane Jacobs）在其名作《偉大美國城市的死與生》（*The Death and Life of Great American Cities*）中，就提出了一個有關安全的有趣解釋[3]。在人口不多的偏遠小城鎮，人人互相認識，亦甚少有陌生人來訪，維持治安的重要機制，就是群眾壓力。做生意不誠實，行為不檢點，就名譽受損被排擠。不過在人煙稠密、訪客來去匆匆的大城市，這種小型的社會規範就不管用了。雅各斯於是提出了街道上的眼睛（eyes on the street）的概念：若果某地區和街道行人甚多，除了從早到晚都有店舖營業，還有數之不盡的行人，更有看着這些人忙來忙去的其他人，在如此多雙眼睛的監察下，犯罪或擾亂社會秩序的成本明顯較高，駕駛經過也會小心一些，是以較為安全。這個解釋之所以是「無形之手」，皆因沒有一個官員和規劃專家有意為此地加強治安，負責看舖的老闆，到超市買東西的顧客，在樓上看着他們的閒人，這些眼睛全都是為了自己，沒有公益的意圖，但就在沒有人計劃之下，達到了整體的良好效果。

至於價格這一隻「無形之手」，則可以參考海耶克一篇著名的短文[4]。假設你很喜歡吃某牌子的日本雞蛋，經常都會到超市買一打。平日價錢是60元，但你今日放工到超市，發現雞蛋加價到80元。你有點不捨得，於是買了一盒較便宜的泰國雞蛋。

至於我就是個茶餐廳老闆，招牌菜式都是用日本雞蛋做的，近來買材料時也發覺材料貴了好多，若果不加價，就要想辦法節省一點，例如減少雞蛋份量，或者轉用其他國家生產的雞蛋了。

至於賣雞蛋的商人，則聽聞今年日本雞蛋生產出了問題（據說是地震了），價錢很貴，但根據經驗，顧客不吃日本雞蛋的話，多數會轉吃其他雞蛋，於是你就向批發商多訂購其他牌子，希望可以把握機會多做一點生意。

對消費者來說，首先留意到的是價格，只知道雞蛋貴了，於是就少吃、少用一點，自願地節省資源。除非消費者對雞蛋市場有莫大的興趣，否則他們都不會去尋根究柢，找出雞蛋貴的原因，又或他們知道日本有地震，但一時想不到跟雞蛋的關係。我們日常買的東西多不勝數，根本沒有時間逐樣去了解。

至於賣蛋商人，只會關心雞蛋的批發價，只知生產因地震出了問題，至於實際上出現了什麼問題，哪些地區又特別嚴重，何時才會回復正常，他們不會比身在日本的雞蛋生產商清楚。他們只知道每逢這種情況出現，消費者都會轉吃其他雞蛋。

結果，市價就成了所有人的導航明燈。海耶克這篇文章之所以題為《社會中的知識運用》（*The Use of Knowledge in Society*），指的不是學術知識，而是一些日常用到的資訊，亦即特定時間特定地方的消息（the knowledge of the particular circumstances of time and place）。就像雞蛋例子之中，消費者嫌80元一打太貴，茶餐廳老闆也想辦法節省使用，賣蛋商人也努力地在找替代品。每人的各自行動，都是為了私利，但就在沒有人計劃下，每人知道的一點點資訊就被傳遞開去，在市價上反映出來。

若果有一個「雞蛋局長」，專門負責管理雞蛋的生產和分配，掌握了很多雞蛋的數據，這位局長能否用高深數學和統計，作出比市場更有效率的決定？海耶克認為不可以，因為局長並非全知全能，知道的只是市場概況，而有關雞蛋的地方資訊，仍散落在每個市場參與者的腦袋中，這人知道一點，那人又知道一點。就算局長設下天羅地網，收集到這一刻所有的資訊，到下一刻雞蛋市場可能又有新變化，令資訊過時了。

市場「無形之手」的作用，就是將這些零散不完全的最新資訊聚集在一起，總結成市價這一個數字，指導所有人的行為，間接令資源作最理想的分配。日本雞蛋減產，市價上升就能令大眾少用一點，只有肯付出較高價錢(亦即認為日本雞蛋很有價值)的會購買。

在用「無形之手」去理解經濟陰謀論之前，有兩點需要補充。第一，「無形之手」的解釋，跟現象本身是好是壞沒有關係，沒有人計劃出來的結果不一定美好；第二，「無形之手」只是一個分析現象的方法，不一定正確，也不一定完整(你在街上被我打了一拳，你的第一個反應當然是問我為什麼要這樣做，而不是去想什麼「無形之手」的解釋)。

中國「隱藏之手」狠售美債之謎

有關中國持有美債的討論，可說是「隱藏之手」式思維的經典例子。

先講一些基本經濟學定義。無論何時何地，經常賬（current account）、資本賬（capital account，新叫法為financial account）、外滙儲備的變化加在一起必定等如零。美國消費者買中國貨，生產商收了錢，消費者收了貨，付出的美元要換成人民幣，牽涉其中的美金跑到哪裏去？無論是留作現金或者用去買美債美股，皆是美元資產，分別只有是由私人或政府擁有。美國買外國貨，就要將自己的資產交到別人手上。從整個國家看，貿易赤字跟資本流入是同一回事，貿易順差跟資本流出又是同一回事，沒有什麼好爭議，皆因這是沒有經濟內容的會計定義。

有爭議的，是不時有專家指中國可以「發狠」，賣掉手上美債及停止買新債。愛國情緒激昂，背後是否有經濟邏輯？

2022年中國跟美國的貿易接近4000億美元，中國現持有超過一萬億的美國國債以及機構債券（agency bonds，例如按揭

MBS)。套用日常用語，中國是美國最大債主。若果中國「發狠」賣掉手上美債，美債價格暴跌債息急升，扯高借貸成本將導致美國消費投資插水。美國經濟受損之餘，再發新債又要面對更高成本，後果將不堪設想。

這就是「隱藏之手」的想法了：內地是個單一的決策者，買入美國債券，為的就是在非常時期當作彈藥。

賣債實際操作上的首要問題，是世界上對美債的需求彈性有多大。若果彈性高，美債市場多多都樂意接收，賣債對債息影響有限；若果中國拋售令美債吸引力大幅下降，需求彈性低債息會明顯上升，問題是中國賣債不是普通人賣股票，分階段慢慢賣結果是承受損失。

看遠一點，美債一直是各國外滙儲備的維穩首選，皆因其市場龐大，流動性高兼風險低。外滙儲備不要美債，接下來的問題是要用什麼來替代。黃金等貴金屬的價格波幅大，別國債券又未必如美債安全兼市場大，持現金又犧牲了投資回報。提出賣債這條妙計的專家，要先解答這個替代品的問題。

就當賣債空前成功，美息大升經濟陷入嚴重衰退，伴隨的結果是美國入口下降，中國出口製造商首當其衝，不利中國經濟增長。畢竟世界經濟環環相扣，損人難免損己。

也就是說，在「無形之手」的干擾之下，「隱藏之手」不能隨心所欲，既要面對市場上無數的投資者，又受制於市場提供的選擇，使出絕招到頭來又會傷及自己，隨時事與願違。

回到2018年，那時美債有接近四成由外國投資者（主要為政府）持有，而其中中國持有20%，佔所有在市場流通美債的8%，緊隨其後的是日本。到了今天，美債只有三成由外國投資者持有，最大外國債主是日本，排名第二的中國佔比只有12%，佔總數的4%，英國則排名第三緊隨其後。至於中國為何減持美債，一般解釋是要撐住滙率，亦有盡量分散政治風險的說法。

根據一項研究，他國賣美債短期內的確頗有威力，亦即彈性甚低，足以令債息大升。研究估算，在其他因素不變下，外國投資者突然賣債1000億美元，美國長息會因此大升一厘。一年以後，市場慢慢「消化」衝擊，彈性有所增加，但仍然有一半影響力，之後才會慢慢消失[5]。

當然，賣債一般都會循序漸進，如此規模「狠賣」的情況不常見。研究提到的一個重要例外，是在疫情初期的2020年3月，全球市場一度出現恐慌，為了撲水救急等不同原因，外國投資者一個月內陸續拋售了約3000億美元的美債（政府或央行佔超過一半）。如此「狠賣」之下，美債當時的確一度急升，後來聯儲局宣布量寬重臨，影響就給抵消了。

根據美國財政部2023年8月的TIC-SLT數據，顯示中國持有美國國債的總值再次下降。就此消息，當時傳媒標題和報道方向大致可分為兩種，一為「中國連續3個月沽美債 持倉創14年新低」，內文不外乎是指中國如何朝去美元化的目標邁進之類，是好事；一為「抑制人民幣貶值 中國減持美債餘額創新低」，賣債救經濟，是壞事。

結論雖相反，背後卻是同一種思維方式：無論是為了打擊「美元霸權」（甚至以此作為「武器」），還是捍衛人民幣滙率，這都是中國決策者的主動選擇。觀察到的現象（亦即中國持有美債總值下降），就是決策者想達到的目標（亦即決策者為了某原因想其下降），分析簡單直接。

中國持有美債價值下降的「無形之手」解釋是什麼？首先，持有美債的金額減少，可以是因為主動賣出減持，也可以因為被動跌價，而兩者各佔多少，是可以推算出來，不用憑空猜想的。

聯儲局就有兩位經濟學者，一直有更新這些數字[6]。例如由2022年1月到2023年8月，內地持有美國國債由約1萬億減至現時約8000億，這2000億的下跌，減持和跌價各佔一半。傳媒大多把全數算成主動減持，是忽略了美國債券市場投資者的作用。投資者只為利益，沒有意圖降低中國持有美債的價值，但在「無形之手」之下，就在沒有人計劃下造成這結果了。

另一原因，是2023年內地出口明顯轉弱，而由於貿易順差是內地外滙儲備的來源，美債累積減慢其實相當合理。出口轉弱，也不是少數人在背後策劃的陰謀，而是全球消費者沒有意圖地造成的情況。

大家不要誤會，我的意思不是「隱藏之手」的解釋一定錯，「無形之手」的解釋就一定對。我僅想指出，單以「隱藏之手」的角度看問題不夠全面而已。可惜的，是由於「無形之手」的解釋較「高層次」，跟人類滿天神佛的本能反應相距較遠，是以不易普及，不似「隱藏之手」簡單易明和直擊感情要害：街道清潔當然是管理者的意圖，菜價上升當然是因為奸商貪得無厭，中國持有美債總值下降當然是國際政治舞台上的一步大棋！

地產霸權使橫手的能耐

有些字眼，像「霸權」和「勾結」，本來就沒有清楚定義，用得多就成了口號，不用分析，不用證據，本身就是方便的負面宣傳：雄霸一方，權傾一地，還要暗中跟其他勢力圖謀分配利益，看不到的東西最恐怖，鬼影幢幢，愈看愈覺無處不在。另一些字眼，像「壟斷」和「囤積」，本來是術語或至少可界定，卻不斷地被扭曲誤用，看似言之成理，實質欠缺內容，淪為疑似有學術包裝的有力武器。

繼幾年前的「土地大辯論」，香港居住問題一直成為討論焦點，這些字眼當然亦泛濫成災。跨越政治立場的期望，是本地發展商將會得到「整頓」，而其中最殺氣騰騰的，莫過於有民間團體列出的發展商十大最高危潛在「壟斷行為」了。

根據高斯猜想（Coase conjecture），由於樓宇是耐用品，發展商難以高價先售予肯付高價的消費者，因為消費者會預計發展商終會向其他意欲較低的消費者打主意，價格因而下降，消費者於是就延遲入市，發展商利潤減少了。理論上，在3個情況下發展商可以逃出這個困局：一為放棄出售轉而租賃，但這個做法在香港並不常見；一為樓宇的邊際生產成本上升得夠快，那發展商先貴後平的動機便會減低。不過，香港的地產發展成本主要來自土地，邊際成本不太可能急速上升；最後出路，是發展商透過建立商譽，堅持不減價，但過去傳媒不時報道，每當發展商有貨尾會賣出，常會送傢俬、車位、釐印費，其實都是變相減價。

以上推論，還未將二手市場考慮在內。當市場上有舊樓有新樓，就會出現兩個效果。一方面，由於消費者有較多選擇，發展商新樓定價太高，生意就會流失到二手市場去，對發展商不利；一方面，消費者分流得更清楚，一類買新樓一類買舊樓，發展商因而可以更準確地針對消費者度身訂造，可從中得利。根據一項有關美國汽車市場的研究，第一個效果遠比第二個重要，二手市場的存在令新車供應商利潤大減超過三分一[7]。

你可能會反駁說，以上回顧只是紙上談兵的理論，高斯猜想或許不成立，二手市場在香港也未必有明顯效果。不信理論，可看數據。第181頁圖中顯示的，是過去二十多年樓市成交宗數的比例（以交易金額計算，結論分別不大），分為二手樓、非四大發展商一手樓、四大發展商一手樓3類[8]。顯而易見的，是二手市場一直佔整體樓市大多數，平均約為八成。

由2011年開始，比例有下降趨勢，主因不是「地產霸權」忽然大發神威，而是一連串辣招令二手交易難度大增。另一值得留意之處，是四大發展商跟其他發展商佔比其實不相伯仲，都是一成左右。當然，其他發展商之中或有一些跟四大發展商「關係密切」，但主要組成始終是如內地發展商等的競爭對手。

1997至2018年香港樓市成交宗數比例

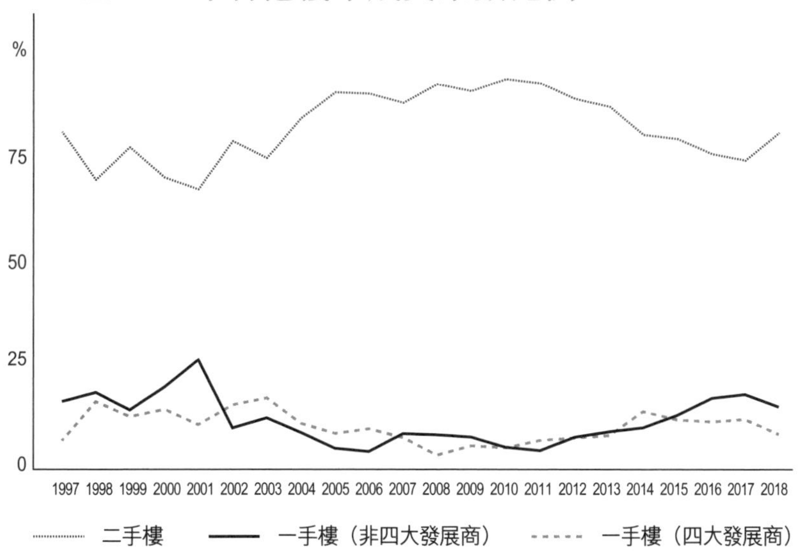

大型發展商以「隱藏之手」壟斷香港樓市的困難，既在於二手市場龐大，也在於一手市場本身不是簡單的「四台獨大」，制止消費者到二手市場尋找代替品不易，人多勢眾下亦難以小圈子協調定價。

當然，有難度不等如「地產霸權」沒有「壟斷」能力，我只是不敢判定這坐地起價的能力到底有多大，如何受制於二手市場等的「無形之手」，對香港高樓價究竟有多少「貢獻」而已。相反，從賣地到規劃，政府一手包辦的情況就清楚得多，比所謂十大最高危潛在「壟斷行為」更有嫌疑了。

潘慧嫻2010年的著作《地產霸權》確立了大眾對本地發展商的想像：除了「壟斷」起樓迫使一代又一代的香港人成為樓奴，其勢力亦伸展到社會上每個角落，從電力供應到交通物流，從大型商場到連鎖食肆，香港人好像衣食住行也難逃魔爪。「一年唔幫襯大地產商」之類的社會運動，對普通人來說是近乎不可能，成本太高了。

「地產霸權」邪惡與否，就如亞馬遜等巨型科企邪惡與否，是個永遠討論不完的價值問題。我只想問的是個實證問題：為何香港發展商業務如此多樣化？

企業分散有助資源調配

淺顯的答案，是金融學企業分散（corporate diversification）的概念。這個有超過半世紀歷史的實證研究題材，透過比較業務單一和生意龐雜的企業，發現「多材多藝」的企業享有不少優勢。最簡單的情況，是某些行業生意不佳，現金流大幅減少。若果企業獨沽那一味，就可能要面對乾塘的煩惱，急需以高昂成本撲水。若果企業有另一門生意幫補，那就可以暫時借調資源，避過一劫。金融學的常識告訴我們，就如股票投資組合，企業的生意不一定要南轅北轍，只要收入不完全是「齊上齊落」，就會有分散風險的效果。

生意眾多的企業財困機會較小，是以借貸成本較低，不用保留大量現金以備不時之需，能夠更有效率地運用資金。不難理解的，是其股票一般較為穩健。在香港一度出現的「打土豪分田地」殺氣騰騰的氣氛之下，香港發展商的股票尚算穩健，表現只是比大市略差。與之相映成趣的，是「被去槓桿化」的好幾間內房企業，當最大的一門生意前路不通的時候，股價即出現墮崖式下跌。

若果分散業務如此美好，何不所有企業都走「地產霸權」的多棲路線？除了要發展到一定規模，企業亦要承受被認為作風保守的壓力。就如樓市熾熱之時，彷彿長升長有，最進取的策略自然是「槓桿化」去到盡，把握機會賺最多的錢。此時將資金投入到其他業務，難免就有管理層或投資者嫌不夠進取了。

另一答案，源自香港的獨特環境。作為一個開放港口型的小型經濟，香港無時無刻不受「外國勢力」衝擊，最明顯的莫過於美國貨幣政策，利率可升可跌，量寬可大可小，跟香港經濟興衰未必有關係，但短期內卻會影響樓宇需求。外在衝擊愈多，發展商就愈有動機從事本地零售服務行業以分散風險。

更重要的香港因素，是樓市由始至終都由政府主宰，官員一念之間的政策可以改變整個市場生態。在地產上押注太多，冒的政治風險實在太大，發展商為了自保不得不將「地產霸權」擴展開去。政府除了掌握賣地和基建大權，亦有能力調控公共房屋這個容納逾四成香港人的龐然巨物，只要政策上有任何重大改變，發展商的收入都會首當其衝。當「官商勾結」不是萬試萬靈，發展商就要想辦法分散樓市的風險。

上世紀「八萬五」的驚嚇故事記憶猶新，本世紀「共同富裕」的新時代吉凶未卜，飽歷風霜的本地發展商早就知道單靠賣樓不夠穩陣，還要賣電賣菜賣衫賣資訊，才能在香港這個地方維持繁榮穩定。「隱藏之手」不是萬試萬靈，不能主宰樓價升跌，在「無形之手」的壓力下還是要分散風險自保。

附註

1. Popper, K. (2014). Conjectures and refutations: The growth of scientific knowledge. Routledge.
2. Nozick, R. (1974). Anarchy, state, and utopia. John Wiley & Sons.
3. acobs, J. (1992). The Death and Life of Great American Cities. Vintage.
4. Hayek, F. A. (1945). The Use of Knowledge in Society. American Economic Review, 35(4).
5. Ahmed, R., & Rebucci, A. (2022). Dollar reserves and us yields: Identifying the price impact of official flows (No. w30476). National Bureau of Economic Research.
6. Bertaut, C., & Judson, R. (2022). Estimating US Cross-Border Securities Flows: Ten Years of the TIC SLT.
7. Chen, Jiawei, Susanna Esteban, and Matthew Shum. "When do secondary markets harm firms?." American Economic Review 103.7 (2013): 2911-34.
8. 感謝梁天卓教授提供圖表。

後記：讓半睡的人更清醒

寫到最後，只剩兩點感想，一個悲觀，一個樂觀。

悲觀的，是人的信念很難改變，因為不同的人看着同一堆事實，可以有各自的詮釋，繼而加強本來就有的信念。你相信經濟陰謀論，我不信，我們見有官員出來澄清，又或見有官方數據公布，雖然是同一堆說話，雖然是同一組數字，結果我們的想法還是會愈來愈強，或至少不會接近。

事實勝於雄辯、真理愈辯愈明，都是用來騙小孩的美麗謊言。在統計學中，有一個類似「殊途同歸」的理論，可以簡單的例子說明。現實有兩個可能，一是有陰謀(A)，一為無陰謀(B)，就像香港的金管局到底有沒有偷偷把儲備送走。我們不知道那個才是事實，但我們會不斷接收到有關的訊息，有些訊息傾向支持有陰謀（且以細楷a代表），有些訊息傾向支持無陰謀（且以細楷b代表），但有些則模棱兩可（且以ab代替）。

理想的情況下，我們本來有不同的想法，但接收了一輪的訊息後，我們都會被事實改變，想法愈來愈接近。比如說我們都接收到10個訊息：b、b、ab、ab、b、b、b、ab、ab、ab。其中5個訊息，都是模棱兩可，因此不會改變我們的想法，但其餘5個都是支持無陰謀(B)的證據。若果我們本來是相信有陰謀(A)的，信心就會因事實而減少，若果我們本來就站在B的一方，現在就更肯定了。久而久之，我們的想法終會一致，沒有什麼好爭議了。

只是人面對訊息的反應不一定是如此。金管局官員出來講話，本來就沒有什麼特別，但若果你早就深信有陰謀，總可以從講話中找到符合期望的蛛絲馬跡。官員不作出澄清？掩飾！官員作出澄清？愈描愈黑有古怪！將ab看成a，那10個訊息在陰謀論者眼中就會變成b、b、a、a、b、b、b、a、a、a，一半半打和，想法完全不受影響。

先入為主，面對同一證據作出相反解讀，心理學稱之為「偏見同化」(biased assimilation)。有心理學者就曾做實驗，告訴受訪者核電設施幾乎發生意外的事件，發現本來就極力反對核電的人，會將事情看成核電危險不可靠的明證，而本來就全力支持核電的，則視之為核電安全機制有效的例子，雙方南轅北轍的立場，結果不單沒有因更多數據而拉近，反而更為穩固。又例如美國每次出現槍擊事件，當大家面對同一堆的事實，反對槍械的固然會解讀成槍械害人的又一不幸例子，支持槍械的則會看出讓好人持槍對抗壞人持槍的理由。無論槍擊案發生多少次，無論死傷如何慘重，雙方的立場都不會受到動搖[1]。

悲觀地看，想改變別人根深柢固的想法，想影響別人持之有故的立場，是近乎不可能的事。這本書對本來就深信經濟陰謀論的人來說，根本是對牛彈琴，甚至會令其信念更為堅定。套用同一概念，此書最大的效果，就是令本來就不相信經濟陰謀論的人更有信心，以及令沒有強烈看法的人遠離經濟陰謀論一點而已。

經濟陰謀論難撼市場根基

樂觀地看，我們可以回到市場，經濟陰謀論的實際影響力未必如想像中大。

2022年9月，在美國加息高處未算高、香港在聯滙制度下勢必跟隨之際，金管局上載了一條6分鐘的短片，題為「聯滙制度&銀行體系總結餘 101」，之所以要製作短片，是因為美國由2022

年開始大幅加息，相比下港息偏低，資金流出銀行體系，銀行體系總結餘下降，由2021年減息兼重啟量寬時、銀行水浸的4000多億高位，跌至400多億。4000跟400的差別，在傳媒常帶感情的筆鋒下，就會變成「香港銀行總結餘暴跌九成」、「銀行乾塘資金緊張」等標題，再配合網紅的真知灼見，「聯滙制度即將崩潰」、「總結餘勢將清零」、「香港經濟必遭夾爆」等結論就傾巢而出了。

金管局為此透過不同渠道，重複又重複講解聯滙制度，上述的這條短片，於2023年11月瀏覽人數約8000，到2024年4月初，瀏覽人數約8938，半年間只多了938人。相比有點名氣的網紅，平均流量兩三萬，最頂級的動輒超過十萬，可見金管局的出品輸了很多條街。再者，不少影片都是網紅一人一鏡頭幾分鐘咬牙切齒高談闊論，不像金管局那種又打燈又造圖的專業製作，成本效益差太遠了。流量多少，實際上到底有多大影響？

事實上，有關銀行總結餘「清零」的說法只是流行了一陣子。究其原因，是隨着香港同業拆息已追近美息，總結餘已經明顯回穩，維持在400億以上的水平。與此同時，港元亦隨着加息明顯轉強。跌勢不再，恐怖故事自然講不下去（不過當港息上調，銀行使用貼現窗的動機增加，網紅又可以從另一角度預料末日將至。第二部提過的渣打傳聞就是一例)。

當然，我們可以把陰謀論推得更盡，懷疑一切：金管局拍片是解釋等如掩飾，港元轉強實為「死撐」，金管局每日公布的貨幣基礎數據更是完全捏造。只是把陰謀論推演到如此程度，就難以流行起來，因為成功散播的陰謀論，是須有幾分事實作支持的。

提到銀行總結餘，不知道大家是否記得在2019年有同樣的討論？話說聯儲局在2015年開始貨幣政策「正常化」，一直加息至2019年，聯滙制度也就出現如上所述的調節過程，港息慢慢追上，總結餘由四千幾億下跌至五百幾億。

跌幅與2022年的相近，也有投資者巴斯高調坐鎮「吹奏」，當年討論仍不及今天熱鬧，總結餘的見報次數少一截，陰謀論的創意亦頗有距離。也許是當時有其他大型事件可以關注(或渲染)，網紅的畸形文化亦未如現在興盛，所以總結餘未能成為討論焦點吧。

流量背後僅少數人付諸行動

重提舊事，不是為了再解釋聯滙制度（大家搜尋2019年的舊文即可），而是想指出經濟陰謀論吸引的巨大流量，其實際影響力卻相當微小。原因有二。

第一、既然一眾網紅常常預測失準，甚至連基本事實也不時搞錯，為什麼其支持者還是會如痴如醉，不離不棄？這個疑問，源自於對網紅社會功能的誤解。須知道網紅之所以受歡迎，靠的不是眼光洞見，而是提供精神鴉片，要恐懼就販賣恐懼，要仇恨就販賣仇恨，顧客永遠是對的，講銀行總結餘就是因為有「港元崩潰論」的渴求，一邊講完賺完就算，一邊聽完爽完就算，巨大流量背後沒有太多實際行動，而是以情感發洩居多。這種精神抑壓、情緒扭曲的情況，在2019年後尤為明顯。

此外，就算有支持者坐言起行，減少港元資產，甚至聽從網紅建議立即逃離香港這個危險地方，這些實際行動對港元市場來說只是滄海一粟，不會造成可見的影響。滙率、利率等價格，始終是由市場決定，縱使有數以萬計的人每日準時收聽網紅的陰謀論，縱使其中有少數人付諸行動，只要全球投資者依然保持理智，最低限度相信金管局公布的數字並非虛構，市場力量還是會把我們帶回現實世界。例如一度引起討論的渣打使用貼現窗傳聞，在網紅磨牙鑿齒地預言香港銀行體系末日到來之時，渣打以及其他本地銀行的股價根本沒有異常表現，足見流量與現實的距離。

話雖如此，金管局總不能無視這些源源不絕的陰謀論。奇談怪論百發不需要百中，只要有一次成功煽動夠多的人數，甚至吸引外國傳媒的關注，對香港金融體系就可造成破壞。觀眾再少，金管局的宣傳教育影片還是要拍下去。

同樣道理，就算影響力再微小，這本書還是要寫出來，先告訴大家經濟陰謀論對人類社會的吸引力所在，從而了解經濟陰謀論的主要特徵，再告訴大家如何質疑拆解經濟陰謀論，希望可減低一點大家做錯決定的機會，亦希望為紛亂嘈吵的社會帶來一點安定。

附註

1. Brotherton, R. (2015). Suspicious minds: Why we believe conspiracy theories. Bloomsbury Publishing.

識破經濟陰謀論

DEBUNKING ECONOMIC CONSPIRACY THEORIES

作　　者　曾國平
編　　輯　黃詠茵
設　　計　Mio Lui，柯錦榮
文字協力　張錦文
出版經理　李海潮
圖　　表　信報出版社有限公司

出　　版　信報出版社有限公司　HKEJ Publishing Limited
香港九龍觀塘勵業街11號聯僑廣場地下
電　　話　(852) 2856 7567
傳　　真　(852) 2579 1912
電　　郵　books@hkej.com

發　　行　春華發行代理有限公司　Spring Sino Limited
香港九龍觀塘海濱道171號申新証券大廈8樓
電　　話　(852) 2775 0388
傳　　真　(852) 2690 3898
電　　郵　admin@springsino.com.hk

台灣地區總經銷商
永盈出版行銷有限公司
台灣新北市新店區中正路499號4樓
電　　話　(886) 2 2218 0701
傳　　真　(886) 2 2218 0704

承　　印　美雅印刷製本有限公司
九龍觀塘榮業街6號海濱工業大廈4字樓A室

出版日期　2024年5月　初版

國際書號　978-988-76644-5-1
定　　價　港幣148 ／新台幣740
圖書分類　社會科學、金融理財

作者及出版社已盡力確保所刊載的資料正確無誤，惟資料只供參考用途。
對於任何援引資料作出投資而引致的損失，作者及出版社概不負責。